정치적
독자들

정치적 독자들

현대 정치철학의 마키아벨리, 홉스, 칸트 독해

한상원 지음

북콤마

실천의 지평에서 나온 정치적 독해

철학의 고전들은 언제나 새로운 형태의 영감을 제공한다. 그것은 정치철학에서도 마찬가지다. 고전 텍스트들은 하나의 해석을 허락하지 않고 끊임없는 재독해를 통한 새로운 의미 생산과 독창적 해석을 요구한다. 그것이 고전의 매력이다. 마키아벨리, 홉스, 칸트는 분명 근대의 고전들이다. 이 책은 그런 고전 텍스트들이 어떻게 정치적인 독해를 통해 자신의 사회적, 정치적, 역사적 상황을 대결하려는 현대의 철학자들에게 영향을 미쳤는가를 탐색한다.

마키아벨리를 맑스주의의 이론적, 정치적 위기의 관점에서 사고했던 그람시와 알튀세르, 근대성의 위기라는 측면에서 홉스의 역설에 다가간 호르크하이머와 아도르노, 또 홉스의 실패를 통해 자신의 위기를 거울삼으려 했던 슈미트, 그리고 칸트의 공통감각 개념을 각각의 정치적 공동체성으로 확장해 이해하려 했던 아렌트와 랑시에르, 아도르노는 모두 그렇게 정치적 실천의 지평 속에서 고전 텍스트들을 살아 있게 만든 정치적 독자들이다. 또 슈미트와 벤야민 역시 각각의 저작들에서 은밀히 서로를 참조하며 또한 반박했던 동시대의 정치적 독자들이었다. 더 나아가 고백하건대, 필자 자신도 현재 우리가 마주한 위기의 한복판에서 고전적 텍스트들을 독해하려고 시도하는 한 사람의 정치적 독자임에 틀림없다. 결국 이 책에서 필자가 보여주고자 하는 바는, 정치철학은 언제나 정치적 독자들이 수행한 정치적 독해의 과정에서 드러나는 과거의 텍스트와의 끊임없는 대결 속에서 전개돼왔다는 사실이다.

방금 언급했듯, 이 책에 등장하는 정치적 독자들의 고전 텍스트와의 대결은 언제나 해당 시대의 위기를 조망하기 위한 실천들이었다. 그렇다면 그런 정치적 독자들을 읽는 또 다른 정치적 독자들로서 우리는 어떠한 위기의 상황에 살고 있나? 각각의 독자들은 서로 다른 수많은 위기들을 머릿속에 떠올려볼 수 있을 것이다. 경제 위기, 전쟁과 학살, 지정학적 불안정, 기후 재앙, 불평등, 원자화, 혐오 확산 등등. 인식하고 있든 안 하고 있든 상관없이, 우리는 분명 다양한 위기들이 중첩돼 인간의 삶을 통째로 위협하고 있는 미증유의 복합적 위기 속에 살아가고 있다. 그러나 동시에 그런 위기를 극복하기 위한 정치적 주체화의 과정 그 자체가 커다란 위기에 처함으로써, 현재의 상태(status quo)가 끝없이 반복되는 상황을 마주하고 있다.

발터 벤야민에 따르면, 동일한 것의 반복은 그 자체로 파국의 형상이다. 고대 그리스에서는 영원함이야말로 가장 잔혹한 형벌을 뜻하는 것이었다. 바위에 묶인 채 매일 독수리가 간을 쪼아 먹는 형벌을 받아야 하는 프로메테우스나, 아래로 계속해서 굴러 떨어지는 바위를 정상으로 날라야 하는 시시포스, 영원히 저승의 수레에 매달려야 하는 익시온은 그 대표적 사례다. 새로움이 없다는 것, 변화가 없다는 것은 그 자체로 파국이라는 형벌과 같은 것이다. 그러나 철학적 성찰은 그런 반복의 순환을 넘어서는 변화의 순간을 놓치지 않기 위해 끝없이 자신의 노동을 이어가야 한다. 정치적 독자가 되는 것은 그러한 실천의 한 방편이다.

이 책은 북콤마 출판사의 임후성 대표가 제시한 아이디어에서 비롯했다. 임대표가 필자가 쓴 여러 논문을 읽고 나서 글들을 하나의 단행본으로 묶자는 구상을 냈다. 필자는 그때까지 쓴 글들을 '정치적 독자들'이라는 기획으로 묶을 수 있다는 생각을 해보지 못했다. 그 아이디어를 제시한, 그리고 본인 스스로 필자의 논문들에 대한 '정치적 독자'가 돼준 임대표에게 감사한다. 아울러 단행본 작업에 매진하는 필자를 응원해준 아내에게 진심으로 감사한다.

마지막으로, 커다란 산처럼 끄떡하지 않고 버티고 있는 세계의 상황을 조금이라도 바꾸기 위해, 매 순간을 지금시간(Jetztzeit)으로 만들기 위해 존재의 역량을 쏟아붓는 모든 분에게 이 책을 바친다.

2024년 4월

한상원

차례

칸트의 정치적 독자들

마키아벨리의 정치적 독자들

IL PRINCIPE DI NICCOLO MA/
CHIAVELLI AL MAGNIFICO
LORENZO DI PIERO
DE' MEDICI.

LA VITA DI CASTRVCCIO CA/
stracani da Lucca a Zanobi Buondelmonti, & à
Luigi Alamanni, composta per il medesimo.

IL MODO CHE TENNE IL DVCA
Valentino per ammazare Vitellozo, Oliuerotto da
Fermo, il S. Pagolo, & il Duca di Grauina
discritta per il medesimo.

I RITRATTI DELLE COSE DEL/
la Francia, & della Alamagna per il medesi/
mo, nuouamente aggiunti.

M. D. XXXII.

〈군주론〉 1532년 피렌체 초판

미셸 푸코는 1977/1978년의 한 강의에서 이렇게 말한 바 있다. "이렇게 보면 우리의 마키아벨리는 맑스이겠죠. 맑스에 의해서는 아니지만 맑스를 통해 말들이 나오니까요."(푸코, 2011: 338)

마키아벨리가 수세기 동안 격렬한 논쟁의 중심을 형성했듯이 20세기에는 맑스가 그런 '악역'을 맡고 있었다. 즉 아무도 그를 직접적으로 거론하지는 않지만 그를 매개해서만 어떠한 담론이 출현했고, 그런 담론들은 부지불식간에 맑스라는 '대타자'를 극복하는 것을 목표로 삼고 있었다. 푸코 자신 역시 예외는 아니었다.

그런데 마키아벨리와 맑스 사이의 연관성은 '담론의 악역'을 맡고 있다는 데서 그치지 않는다. 그람시와 알튀세르 둘은 발전된 현대 자본주의의 독특한 조건들을 분석하는 가운데 '정치' 개념과 관련해 맑스주의에 내재한 근본적 결함을 이론화할 필요에 직면한 사상가들이다. 그들은 그런 맑스주의의 정치 이론적 결함을 해소하기 위해 서양 정치사의 또 다른 악역인 마키아벨리를 소환한다.

그런 소환은 역사적 상황에 근거한 것이었다. 그람시에게는 토리노 공장평의회 운동의 패배와 파시즘의 집권이라는 역사적 위기가, 알튀세르에게는 프랑스 공산당의 좌충우돌과 노선 전환, 계급타협주의가 각각 극복해야 할 시대적 과제로 제기되고 있었다. 그람시와 알튀세르 모두 르네상스의 지식인 마키아벨리를 20세기에 소환해 각자가 직면한 아포리아를 돌파하기 위한 주춧돌로 삼았다.

물론 앞으로 살펴보겠지만 마키아벨리를 소환하는 방식에서 그람시와 알튀세르 사이에는 차이가 존재한다. 그들은 공통적으로 마키아벨리를 "이론을 실천에 종속시킨 인물이 아니라, 사회적 유형학 속에서 정치의 관계와 장소를 이론화하는 데 기여한 인물"(Speer, 2016: 5)로 받아들인다. 즉 마키아벨리는 정치적 실천에 종속되는 이론이 아니라 정치라는 고유한 영역을 새로이 이론화한 사상가이며, 토대/상부구조의 도식에 갇혀 정치의 고유성에 대해 사유하지 못하고 정치적 실천 면에서 위기에 처한 정설 맑스주의에 필요한 처방전이었던 것이다.

그렇게 그람시와 알튀세르는 마키아벨리를 정치적으로 독해한다. 여기서 우리는 마키아벨리의 정치적 유산이 어떻게 그람시와 알튀세르에게 각각 독해되는지뿐 아니라, 그런 독해 방식들 각각이 맺는 관계들과 그 '마주침'의 의미에 대해서도 살펴보려고 한다. 마키아벨리, 마키아벨리를 읽는 그람시, 그리고 '마키아벨리를 읽는 그람시'를 읽는 알튀세르의 순서로 검토해볼 것이다.

마키아벨리의 정치적 유산

마키아벨리의 〈군주론〉은 분열된 채 외세의 간섭에 시달리던 이탈리아에 대해 정치적 통일을 위한 결속력을 모색하고 있다. 그가 살던 피렌체는 외세에 의존해서만 메디치가를 몰아내고 공화정을 부활할 수 있었고 다시 외세에 의해 공화제가 해체된 상황이었다. 분열된 이탈리아는 그처럼 외세에 자율성이 박탈된 채 지속 가능한 정치적 체제를 수립하지 못하고 있었다. 마키아벨리는 이탈리아의 세속적·정치적 통일을 통해 자율적 질서를 지닌 정치 공동체를 수립해야 한다고 진단한다.

그런데 그때 그가 추구한 이탈리아의 통일은 물리적 강제력을 통한 통일만을 의미하지 않는다. 더욱 중요한 것은 그 통일이 흩어져 살고 있는 인민들의 정치적 의지가 결속하는 정치적 통일이어야 한다는 사실이다. 그렇기 때문에 그런 통일 과정은 군주의 강력한 지도력에 의해서만 가능하다. 또 그런 군주에게 지도력이 필요한 이유는 인민을 자유롭고 활력 있는 존재로 구성하는 것이 시급한 과제이기 때문이다. 따라서 마키아벨리는 군주에게 말을 걸면서 동시에 인민을 염두에 두고, 군주의 책략에 대해 조언하면서 그를 통해 인민의 주체화를 의도하고 있었던 것이다.

그런 측면은 그가 직접 로렌초 데 메디치를 위해 작성한 〈군주론〉의 헌정사에도 나타난다. 그는 신분이 낮은 자신이 군주의 통치에 대해 논하고 지침을 제시하는 것에 대해 로렌초가 불쾌해하지 않았으면 좋겠다는 메시지를 전달하며 "풍경을 그리려는 사람은 산과 높은 장소의 본성을 이해하기 위해 평지에 내려가고, 낮은 장소의 본성을 이해하기 위해 산꼭대기에 올라가듯이, 이와 마찬가지로 인민의 본성을 잘 알려면 군주가 돼야 하고, 군주의 본성을 잘 알려면 인민의 한 사람이 돼야"(Machiavelli, 1998: 4) 한다고 서술한다. 마찬가지로 군주의 강한 역량은 인민의 결속을 만들어낼 수 있고 거꾸로 인민의 지지는 군주의 통치권에 결정적 영향을 미친다.

〈군주론〉은 책 전체에 걸쳐 이런 군주와 인민의 상호 관계를 논증한다. 마키아벨리는 신생 군주국이 겪는 어려움에 대해 말하는 중에 군주에 대항하려는 인민의 본성을 설명한다. "사람들은 그들이 더 나은 대우를 받을 수 있다는 믿음 중에 그들의 군주를 교체하려고 하며, 그런 믿음은 그들이 군주에 대항해 무기를 들게 만든다."(Machiavelli, 1998: 8) 그렇기 때문에 새로운 영토를 점령한 군주는 가장 강한 무장력을 갖췄다 하더라도 해당 인민의 지지를 받기 위해 노력해야 한다는 것이 그의 가르침이다.

새로 점령한 영토에선 인민이 군주와 맺는 유대뿐 아니라 인민들 사이의 유대 관계 역시 정치적으로 중요한 의미를 갖는다. 특히 새로 점령한 영토의 주민들과 기존 영토의 주민들 사이에 동일한 언어를 쓰는지는 결정적이다. 주민들의 생활양식이 동일하고 안정감을 획득할 경우 국가는 번영할 수 있다. 인민의 결속을 위한 언어적·문화적 요소에 대한 이런 마키아벨리의 강조는, 언어학을 전공하고 이탈리아에서 '남부 문제'를 고민하며 이탈리아 인민들 사이의 지역별, 계급별(노동자와 농민) 동맹이라는 문제와 씨름했던 그람시에게 영향을 주었다.

여기서도 드러나지만 마키아벨리의 시선은 관찰자 시점에 머물지 않고 언제나 정치적 행위자를 겨냥하고 있다. 〈군주론〉은 정치적 행위자를 위한 책일 뿐 아니라 행위자의 관점에서 서술된 책이기도 하다. 그람시에 따르면 "마키아벨리의 스타일은 중세나 인문주의 때 유행하던 체계적인 논문 편집자의 스타일이 아니었다. 오히려 정반대로, 행동하는 사람의 스타일이며 행동을 촉구하는 사람의 스타일이고 정당 선언의 스타일이었다."(그람시, 1993: 135)

동시에 군주의 시점에서 서술된 이 책은 인민의 (공화주의적) 자유에 대한 강조를 은밀히 감추고 있다. 마키아벨리는 이렇게 적는다. "공화국에는 더 많은 활력, 더 많은 증오, 복수에 대한 강렬한 집념이 있게 마련이다. 사람들은 잃어버린 자유를 쉽게 잊지 못하며, 실로 잊을 수도 없다."(Machiavelli, 1998: 21)

마키아벨리가 포르투나fortuna, 즉 운명과 함께 강조하는 군주의 비르투virtu, 곧 역량 개념도 이런 맥락에서 이해될 수 있다. 운명을 거스르거나 자신의 것으로 만드는 군주의 역량은 결국 인민에게 자유를 확대해 그들을 자신의 편으로 끌어들이는 능력을 지칭하는 것으로 해석될 수 있다. 그것은 인민의 동요에 휩쓸리지 않고 그들의 지속적인 믿음을 유지하는 지도력까지 포함하는 능력이다. 마키아벨리는 이를 위해 군주는 "무장한 예언자"로서 무력을 동원하거나 공포를 활용할 줄 알아야 한다고 조언한다. 그러나 그가 덧붙이는 내용은, 인민이 군주에 대해 가져야 하는 공포는 반드시 '증오 없는 공포'여야 한다는 것이다.

인민에게 증오와 미움을 받는 군주는 몰락한다. 반면 인민의 지지를 획득한 군주는 굳건한 요새를 가진 것과 같다. 군주는 국가를 이루는 두 계급적 부분(귀족과 인민) 중 귀족이 아니라 인민의 지지를 얻기 위해 노력해야 한다. 물론 이는 일차적으로 인민이 귀족보다 수가 많다는 현실적인 이유에서다. 그러나 동시에 마키아벨리는 이렇게 말한다. "인민의 목적은 귀족의 목적보다 더 기품 있다. 왜냐하면 귀족은 억압하기를 원하고 인민은 억압받지 않기를 원하기 때문이다." (Machiavelli, 1998: 39)

인민이 귀족에 대항해 제기하는 요구, 즉 자유는 고귀하고 국가를 번영시킬 것이므로 인민의 자유에 대한 요구는 전적으로 정당하다. 앞으로 살펴보겠지만 알튀세르는 이를 귀족에 대항하는, 군주와 인민 간의 계급 동맹에 대한 요구로 해석한다. 즉 군주의 역량은 인민과 귀족 사이의 계급투쟁이라는 세력 관계에서 의미를 획득한다.

"인민의 토대 위에 서 있는 군주가 지휘할 줄 알고 용맹하다면, 역경 속에서도 두려워하지 않고, 다른 일을 도모함에 실패하지 않으며, 그의 영혼과 지도를 통해 인민 대다수의 사기를 유지한다면"(Machiavelli, 1998: 41) 그런 군주의 지휘 역량은 자유를 확대하기 위해 귀족에 대립하는 인민의 주체화에 이바지할 것이다.

그러나 우리가 이처럼 〈군주론〉에 '숨겨진 인민적 관점'이 내재해 있다고 해석한다 해도, 동시에 분명히 밝혀야 할 것은 그의 관점은 결코 소박한 인민에 대한 낙관론이나 이상주의에 머물지 않는다는 사실이다. '인간이 어떻게 사는가'와 '인간이 어떻게 살아야 하는가'를 구분해, 규범적 이상이 아니라 현실의 조건에서 정치를 사유한 마키아벨리는 그런 낙관론을 포기한다.

그는 "많은 사람은 아직까지 그것이 실제로 존재하는지 목격되거나 알려진 바 없는 공화국과 군주국을 상상해왔다"고 지적하며, 자신은 "그것에 관한 상상보다는 사물의 실질적 진리를 향해 직접 나아가는 것이 더욱 적합"하다고 생각한다고 밝힌다(Machiavelli, 1998: 61).

이런 그의 지적은 '한 번도 본 적 없는 자본주의 이후 사회'를 꿈꾸는 맑시스트나 아나키스트들에게도 적용되는 일침이다. 계급 없는 사회를 향한 정치적 실천은 유토피아적 상태를 꿈꾸는 것만으로는 실현되지 않는다. 공공연한 유토피아주의는 은밀한 비관주의로 치닫기 십상이다. 그런 정치적 실천은 이상적 시공간이 아니라 구체적 현실의 정세에서 펼쳐지기 때문이다. 그렇다면 군주가 반인반수 켄타우로스처럼 인간과 짐승의 형태를 모두 지녀야 하고, 사자의 용맹함과 여우의 지혜를 동시에 가져야 한다는 마키아벨리의 주장은 변혁적 정치 실천을 추구하는 당파에게도 일정한 교훈을 남기고 있는 셈이다.

'숨겨진 인민적 관점'을 제시한 〈군주론〉과 달리 그의 〈로마사 논고〉(1531)는 정치 공동체에서 차지하는 인민의 구성적 역량을 훨씬 더 공공연히, 중요하게 다룬 것으로 유명하다. 그 책에서 마키아벨리는 "인민이 권력을 장악하고 있는 도시는 단시일 내에 엄청나게 성장하며, 군주가 계속 통치하는 도시보다 훨씬 많이 성장한다"는 사실을 지적하며 "이는 인민에 의한 정부가 군주에 의한 정부보다 낫다는 사실에서 기인한다"고 선언한다(Machiavelli, 1996: 252).

그러나 마찬가지로 여기서도 마키아벨리는 소박한 인민주의적 관점을 거부한다. 왜냐하면 로마의 역사는 동시에 "우두머리가 없는 다중의 무기력성"(Machiavelli, 1996: 210) 역시 증명하기 때문이다. 스피노자와 유사하게, 마키아벨리는 상상과 정념에 끌려 인민이 스스로 노예가 되는 길을 선택할 수 있다고 말한다. "인민은 좋은 것에 대한 그릇된 이미지에 현혹되어 자주 그들 자신의 파멸을 스스로 초래한다는 점"을 감안할 때, 인민이 자기파괴적 결정을 승인하지 않게 설득하는 정치적 행위는 공화국 유지에 매우 중요하다(Machiavelli, 1996: 232).

공동선은 다수의 참여로부터 나오지만 정작 다수를 이루는 인민이 사적 이해에 빠지게 된다는, 퀜틴 스키너가 "마키아벨리의 딜레마"(스키너, 2008: 112)라고 부른 이 문제는 현대 민주주의에도 적용되는 물음이다. 다수 인민이 사적 욕망과 이기심에 빠져 있는 상황에서 공동선은 실현될 수 있나? 그런 실현을 불가능하게 만드는 사회적 구조에서 민주주의라는 이름의 '다수결'은 과연 '민주적'이라고 말할 수 있나? 결국 인민이 사적 부패에서 멀어지고 공공선에 대한 관심을 지속적으로 유지하게 하려면 어떤 '지도력'이 요구되는가?

이런 관점에서는 〈로마사 논고〉와 〈군주론〉의 간격이 그리 크지 않다고 말할 수 있다. 양자는 모두 자유로운 인민의 응집력과 결속력을 창출하는 지도력의 문제를 강조한 것이다. 마키아벨리 공화주의의 특징이 그로부터 도출된다. 그는 단순히 '공공의 것'을 규범적으로 강조한 게 아니라, 인민의 정치적 참여와 의지 통일의 문제를 실천적으로 제기하고 그것을 가능케 할 정치적 지도력의 구체적 형태를 기술했다. 그는 단순히 '인민의 뜻이 하늘의 뜻'이라는 식으로 인민을 미화하지 않는다. 군주는 때로 인민을 훈계하거나 인민의 사적 자유를 제약하기도 해야 하는 것이다.

그러나 이를 통해 그가 진술하는 것은, 군주에 의해 매개되는 인민은 강력해질 수 있다는 사실, 결국 인민의 역량 창출은 그들에게 자발적 동의를 통한 규율을 부과하는 일정한 지도력을 요구한다는 점이다. 그런 맥락에서 마키아벨리는 맑스주의의 흐름에서 내적 위기를 극복하려고 했던 두 독자, 그람시와 알튀세르에게 하나의 매력적인 선택지가 될 수 있었다.

마키아벨리를 읽는 그람시: 계급투쟁과 헤게모니

역사적 배경

1926년 투옥된 그람시는 1929년 〈옥중수고〉의 집필에 들어가고 그중 '현대의 군주' 편을 1932년부터 본격적으로 작성한다. 하지만 이미 그 전부터 마키아벨리에 대한 관심이 지대했던 것으로 보인다. 1921년 6월 파시스트 세력이 이탈리아 전역에 걸쳐 병력 50만 명을 만들 만큼 무기를 비축하고 국가 하급 관료들의 지지를 획득한 상황에서 이탈리아 사회당이 여전히 무솔리니와 파시스트의 영향력을 간과할 때, 그는 〈신질서(L'Ordine Nuovo)〉지에 "힘을 지닌 누구라도 그 힘을 사용한다"(그람시, 2001: 261)는 표현을 통해 마키아벨리적, 현실주의적 측면에서 사회당 지도부를 비판한다. 1922년 베를린에서 대학 시절 친분이 있었던 교수 움베르토 코스모Umberto Cosmo를 만나게 됐을 때 그로부터 미처 완성하지 못한 마키아벨리 관련 저작을 써보라는 권유를 받기도 한다.

한편 1924년 무솔리니는 〈군주론〉에 대한 자신의 서문을 작성해 파시즘 계열 저널인 〈위계질서(Gerarchia)〉의 4월호에 싣는다. 그 글에서 무솔리니는 군주의 강력한 지도력에 대한 마키아벨리의 강조를 언급하며 파시즘 정권의 권위주의적 권력 행사를 정당화했다. 이는 자유주의 진영의 반론을 불러왔다. 피에로 고베티Piero Gobetti는 그가 창간한 〈자유주의 혁명(La Rivoluzione liberale)〉지에 기고한 글에서 무솔리니가 인용한 〈군주론〉의 마키아벨리에 〈로마사 논고〉의 민주적 마키아벨리를 맞세우려고 했다. 또 1925년에는 이탈리아의 국민 철학자 베네데토 크로체가 〈정치의 원리(Elementi di politica)〉라는 책을 써 논쟁에 가담하기도 했다. 그람시는 이런 일련의 논쟁을 염두에 두고 1927년 마키아벨리 사후 400주년을 기념해 언론에 보도된 마키아벨리 관련 기사들을 수집하기도 했다(Thomas, 2017: 526~527).

그렇다면 마키아벨리를 둘러싼 파시즘 진영과 자유주의 진영 사이의 이런 논쟁에서 그람시는 어떤 위치를 차지하는가? 〈옥중수고〉에서 그가 도입하는 '현대의 군주'라는 모델은 '군주'를 정치적 정당이라는 집단적 주체로 해석함으로써 '군주 개인의 권력 독점'이라는 파시즘적인 해석에 대항한다. 동시에 그는 (크로체식의) 자유주의적 해석 역시 비판한다. 특히 "그람시의 마키아벨리는 크로체의 마키아벨리에 맞서 급진적인 반대편에 서 있는 형상"(Fontana, 1993: 7)으로 해석되기도 한다.

크로체와 그람시는 모두 마키아벨리에게서 '대중(인민 혹은 다중)'을 정치의 새로운 요소로 바라보는 관점을 발견한다. 그런데 크로체가 보기에 마키아벨리에게 정치는 대중 동원을 위한 순수 권력과 테크

닉을 의미하는 것이었다. 크로체는 마키아벨리로부터 도구적 정치관을 읽어내며 사유와 행동, 철학과 정치, 정치와 윤리의 급격한 분리에 주목했다. 반면 그람시가 보는 마키아벨리는 사유와 행동, 철학과 정치, 정치와 윤리의 (켄타우로스적) 통일성을 주창했던 것이다. 따라서 그람시에게 마키아벨리는 정치의 헤게모니적 요소를 이론화하기 위한 틀을 제공하는 사상가였다.

'현대의 군주'에 대한 이론화는 당대의 역사적 상황을 반성하는 데서 출발한다. 1919년부터 1921년까지 격렬히 전개된 토리노 공장평의회 운동에 참여했던 그람시에게 '이탈리아 노동자 운동은 왜 파시즘에 패배했나?'라는 질문은 가장 시의성이 높았다. 그런데 그가 보기에 그 패배는 외부적 조건이 아니라 혁명 세력의 정치력의 결함에서 나온 것이었다. 특히 1926년 '리옹 테제'에서 "1922년 파시즘의 승리는 혁명에 대해 거둔 승리가 아니라, 혁명 세력들이 자신들의 내재적 취약성으로 인해 겪은 패배의 결과로 간주돼야만 한다"(그람시, 2001: 389)고 주장한다.

그 내재적 취약성의 구체적 성격은 무엇이었나? 공장평의회 운동에서 북부 지역 노동계급은 북부 부르주아 계급으로부터 독립성을 얻어 스스로 정치 세력화하고 있었다. 그런데 그런 독립성은 그들이 남부 농촌 프롤레타리아와 농민들을 자신의 동맹 세력으로 끌어들일 때 가능할 것이었다. 만약 남부 농민들과 북부 노동계급이 대립한다면 그들은 각각 자신들을 이끌 기존의 헤게모니 계급, 즉 남부 지주 계급과 북부 부르주아 계급에게 종속돼버릴 것이었다. 1920년 2월 그람시는 〈전진(Avanti!)〉지에서 "북부 프롤레타리아는 스스로 자본주의적 노예 상태에서 자신을 해방시킴으로써, 북부의 기생적 산업주의와 은행 자본에 예속돼 있는 남부 농민 대중을 해방해야 한다"(그람시, 2015: 33~34)는 과제를 제시한다.

즉 그람시는 이탈리아에서 계급투쟁은 인민적(민중적)이고 국민적인 집합 의지의 출현이라는 과제를 제기함을 간파하고 있었다. 반면 그가 보기에 이탈리아 사회당을 비롯해 맑스주의를 받아들인 당대 혁명 세력들은 그런 이탈리아 고유의 정치적 과제를 제기하는 데 실패했다. 왜냐하면 그들은 정치를 '상부구조'에 불과한 것으로, 정치적 지도력의 문제는 부차적인 것으로 인식하고 있었기 때문이다. 그런 맥락에서 그람시는 맑스주의 이론에 여전히 공백으로 남아 있던 정치적 지도력과 정당 이론의 문제를 본격적으로 제기하기 위해 마키아벨리의 언어를 필요로 했다.

현대의 군주

따라서 그람시가 〈옥중수고〉를 집필하며 마키아벨리의 인민-친화적, 공화주의적 색채가 짙게 배어나는 〈로마사 논고〉보다 〈군주론〉에 훨씬 많은 관심을 갖고 큰 의미를 부여한 이유 역시 분명해진다. 그에게 필요했던 것은 정치적 지도력에 대한 마키아벨리의 직관적 예리함이 가리키는 실천적 귀결들이었다.

"〈군주론〉에 관한 기본적인 사실은, 그것이 체계적인 논술이라기보다는, 정치 이념과 정치과학이 극적인 형태의 '신화' 속에 혼합돼 있는 '생동적인' 작품이라는 점이다."(그람시, 1997: 123)

이를 위해 마키아벨리는 집단 의지를 체화하는 지도자의 형상에 정치 개념에 대한 상상적·예술적 형식을 부여한다. 그러나 그람시는 마키아벨리의 군주는 구체적이고 특수한 개인의 인격이 아니었다고 해석한다. 물론 마키아벨리는 다양한 군주 모델들을 분석한다. 여기에는 체사레 보르자뿐 아니라 루드비코 스포르차, 율리우스 2세, 루이 12세 등이 포함된다. 그래도 그처럼 다양한 군주'들'이 검토된다는 사실 자체가 군주는 특정한 역사적 개인의 형상으로 환원되지 않음을 보여준다. 그것은 군주라는 '자리'를 의미하는 것이며, 따라서 군주란 하나의 이론적 추상물이다. 그리고 그렇게 해석된 〈군주론〉이야말로 맑시스트들에게 강한 매력을 가진 텍스트로 독해될 수 있다. 즉 여기서 "〈군주론〉의 유토피아적 성격"(그람시, 1997: 124)이 드러난다.

이처럼 그람시에게 〈군주론〉은 맑스·엥겔스의 〈공산당 선언〉에 비길 만한 하나의 "정치적 선언"이었다. 그리고 그런 선언의 수신 대상은 군주라는 구심점을 통해 결속력을 얻게 될 인민(민중)이었다. "마키아벨리는 책 전체를 통해, 민중을 지도해 새로운 국가를 건설하려면 군주가 어떠해야 하는지를 논하고 있"으며 "결론 부분에서 마키아벨리는 민중과 함께 섞이고 민중으로 된다. 하지만 그때의 민중은 어떤 '일반적인' 민중이 아니라 마키아벨리 자신이 지금까지의 주장으로써 설득한 민중이다."(그람시, 1997: 125)

그런 설득 작업, 즉 인민(민중)에게 말을 걸고 그들을 행동하게 만드는 역량이 지도력의 현실적 내용이다. 그런데 그런 설득은 언어(로고스)만을 통해 이뤄지는 것은 아니다. 그것은 군주 자신의 행동을 통한 설득이고 인민의 정열을 동원하는 설득이기도 하다. 물론 그람시는 그런 정열이 정치적 행동의 원동력이 됨을 이해했지만, 동시에 그것은 급변하는 가변적인 것이어서 온전히 신뢰해서는 안 됨을 분명히 밝힌다.

이 점은 마키아벨리를 생디칼리스트 이론가인 조르주 소렐과 대조하면 더 분명해진다. 마키아벨리와 소렐은 모두 '집단 의지'의 현실화를 중시했다. 그런데 소렐은 프롤레타리아 총파업을 강조하면서도 그런 부정적 활동 외에 적극적, 긍정적 국면에는 침묵한다. 그람시가 보기에 소렐에게서는 "모든 것이 비합리적인 것의 개입, 우연(베르그송적인 의미에서 '생의 약동'), 혹은 '자생성'에 맡겨지게 됐다."(그람시, 1997: 126) 반면 마키아벨리는 소렐을 넘어 정치 운동을 이론화하며, 그로부터 노조를 넘어서는 정치적 조직화의 중요성, 자생주의를 넘어서는 지도의 문제가 제기된다고 그람시는 보고 있다.

이런 의미에서 그람시에게서 로자 룩셈부르크와 같은 '자생성주의'를 발견하려는 해석은 일면적이라고 볼 수 있다. 이를테면 칼 보그는 이렇게 설명한다. "로자 룩셈부르크와 아주 동일한 노선들을 따라 사고하면서 그[그람시]는, 혁명적 정치의 주도성은 대중의 자율적 활동성으로부터 성장해나와야 하며, 지도자는 대중들의 '후렴'(chorus) 이상이 아니라고 보았다."(보그, 1995: 23) 물론 그가 그람시의 평의회주의적 측면만을 강조하는 것은 아니지만 그런 해석은 마키아벨리 수용과 (자생성의 이론가인) 소렐 비판이 그람시의 사상에서 차지하는 결정적 위치에 대해 조명하기 어렵게 만든다.

그람시가 보기에 자생성을 강조하는 소렐의 집단 의지는 완전하지 않다. 그것은 "초보적으로만 형성된 집단 의지"(그람시, 1997: 127)에 불과하며 '부정적' 시기가 지나면 다시 고립된 개인들("각자의 서로 상충되는 길을 추구하는 무한한 개별 의지들")로 분열될 위험을 내포하고 있다. 실제로 일정한 거대한 정치적 국면이 지나고 나서 일상 속 일원으로 돌아가 결국 자본주의적 경쟁의 압력에 다시금 순응하는 개인들의 모습을 보는 것은 드문 일이 아니다.

소렐과는 다른 관점에서 크로체 역시 정치를 정열(passion)과 동일시하고 정당을 배제한다. 크로체에게서 정치는 정열과 직관의 영역이다. 반면 그람시가 보기에 조직되고 영속적인 정열은 불가능하고, 정치와 정열의 동일시는 정당을 배제하고 결국 행동 계획과 실천적 통일성을 배제하는 결과로 이어진다. 크로체는 "당과 같은 영속적인 정치적 구성체를 해명하고 합리화"하는 데 실패하는데, 이는 그가 정열은 "합리성과 신중한 사고, 따라서 더 이상 정열이 아닌 어떤 것"(그람시, 1997: 141)의 도움을 통해서만 정치화될 수 있음을 깨닫지 못하기 때문이다. 더 나아가 그람시는 크로체의 지적 동반자인 조반니 젠틸레가 파시스트 철학자가 됐듯이 직관주의는 파시즘의 정치에 의해 언제든 동원될 수 있다고 지적한다.

마키아벨리의 정치 개념은 정치를 자생성이나 정열, 직관 등과 동일시하는 이런 관점과 구분된다. 그람시는 마키아벨리적 군주를 "정치정당", 즉 "보편적이고 전체적으로 되려고 하는 집단 의지의 효소들이 함께 모여진 최초의 세포"라는 의미에서 "현대의 군주"(그람시, 1997: 128)로 해석해, 지속 가능한 정치적 형성을 위한 구심점을 논의할 출발점으로 삼는다. 그런 다음 마키아벨리로부터 "국민적-민중적(national-popular) 집단 의지를 각성하고 발전시킬 조건은 언제 존재한다고 할 수 있나"(그람시, 1997: 129)라는 질문을 읽어낸다. 그 질문은 북부 지역의 노동계급이 지역적이고 계급적인 고립을 넘어 보편적 집합 의지를 형성할 수 있는지를 묻는 그람시 자신의 고민과 결합된다.

이 "지적·도덕적 개혁의 선포자이자 조직가"(그람시, 1997: 132)는 누구에게 말을 걸고 있나? 우리가 살펴본 대로 〈군주론〉의 마키아벨리는 귀족에 맞서 인민과 군주가 동맹해야 한다고 설득한다. 그로부터 그람시는 "마키아벨리가 '잘 알지 못하는 사람들'을 염두에 두고 있고 그가 정치적으로 교육하려고 한 이들도 바로 그들이었다는 가정"(그람시, 1997: 136)을 제시한다. 여기서 잘 알지 못하는 사람들, 즉 무지한 자들이란 그러나 사보나롤라와 소데리니를 통치권에 앉히기도 무력화하기도 했던, 그리하여 정치적 권력의 구성에 결정적 영향력을 형성하는 하층민들, 귀족에 대항하는 인민을 말한다.

마키아벨리는 인민에게 말을 건다. 그는 인민에게 그들의 이익을 방어하려면 지도자를, 비록 그가 기독교와 같은 종래의 종교적·도덕적 이데올로기를 거부하더라도, 가질 필요가 있다고 설득한다. 동시에 그는 군주에게도 말을 걸어 그 자신의 지도력으로 인민을 자신의 편으로 만들어야 한다고 설득한다. 그람시는 그런 마키아벨리의 설득, 즉 군주와 인민 모두에게 말을 거는 지적 실천에서 "오늘날까지도 느낄 수 있는, 마키아벨리즘의 본질적으로 혁명적인 성격"(그람시, 1997: 137)을 발견하고, 그런 요소들이 맑스주의자들에게 실천에 필요한 지침이 되리라고 지적한다.

경제주의 비판과 정치의 자율성

그람시의 정치정당론에서 지적해야 할 마키아벨리적 요소는 정치정당이 단순히 유토피아적 최종 상태를 선전하는 데 머물러서는 안 되고 구체적 정세 속에서 사고하고 행동해야 한다는 점에 있다. 물론 그가 추구하는 정당은 "계급 분열의 종언을 지향하는 정당"으로서 "계급이 더 이상 존재하지 않고, 따라서 계급의 표현도 더 이상 존재하지 않게 됨에 따라 정당 자체도 더 이상 존재하지 않게 될" 상태를 추구한다. 그러나 그가 자신의 정당 이론을 통해 다루려고 한 것은 그와 같은 먼 미래가 아니라 "이런 발전 과정의 한 특수한 국면", 즉 정당이 처해 있는 구체적 정세와 그에 따른 구체적 대응 전략이다(그람시, 1997: 156). 그런 언급에는 궁극적으로 실현해야 할 유토피아적 미래에 대한 낙관에 빠져 구체적 현실을 향한 정세적 판단에 무능하고 파시즘의 도래를 예측하지 못한 당대의 주류 맑시스트 정치 세력들에 대한 비판이 암시돼 있다.

그람시는 그런 맑스주의 정치의 공백이 발생한 이유를 당대의 맑시스트들이 가정하고 있던 '역사적 경제주의'에서 찾는다. 그들의 특징은 첫째, 불변적인 것과 가변적인 것을 구분하지 않는다는 데 있다. 즉 그들은 경제적 계급구성체들과 그것의 모든 내적인 연관을 고려하는 것이 아니라 직접적인 경제적 이익과 같은 '고리대금업적' 동기만을 가정해 그것으로 사회적 관계 분석이 끝난 것처럼 사고한다. 둘째, 그들의 교의에 따르면 경제 발전은 노동수단의 기술적 변화 과정과 직접적으로 동일시된다. 셋째, 그런 맥락에서 그들은 경제적·역사적 발전을 생산요소의 변화로 축소해 이해한다.

이런 비판은 발터 벤야민의 '역사의 개념에 관하여'('역사철학 테제')의 11번 테제를 연상시킨다. 벤야민은 그 글에서 사회민주주의자들의 생산력주의적 경제 발전 패러다임은 자신들이 시대의 물결을 타고 간다는 그들의 역사관과 결부돼 있다고 지적하고, 그것이 독일 사회민주당의 고타 강령에서 드러나는 "속류 맑스주의적인 노동 개념"(Benjamin, 2013b: 699)에서 비롯한다고 비판한다. 벤야민의 비판은 결국 그런 경제관념이 실천적 타협주의로 귀결됐다는 것으로 향한다. 그람시 역시 이탈리아 사회당이나 스탈린주의의 영향하에 있는 공산당이 공통적으로 갖고 있는 생산력주의적, 기술중심적 경제관념이 그들의 실천적 무기력함의 원인이라고 지적한다.

이런 경제주의적 관점이 도출하는 실천적 귀결에는 이탈리아 사회당과 같은 타협주의적 태도만 있는 것은 아니다. 1928년 코민테른 6차 대회 이후 스탈린과 러시아 공산당은 자본주의가 이른바 '제3기'라는 임박한 최후의 붕괴에 도달했다는 이론적 가정하에 각국 공산당에게 극좌 노선을 강요했다. 그에 따라 각국 공산당은 즉각적인 혁명적 봉기와 권력 장악, 프롤레타리아 독재 수립이 가능할 것으로 전망하고 사회민주주의 계열 정당들을 파시즘과 동일시하는 '사회 파시즘론'을 전개한다. 그람시가 〈옥중수고〉에서 명시적으로 표현하고 있는 초좌익주의에 대한 비판은 그가 '제3기' 이론에 대해서도 매우 적대적이었음을 암시한다.

그람시가 보기에 "타협이라고 불리는 일체의 것에 대한 원칙상의 경직된 혐오"로 특징지을 수 있는 초좌익주의 노선은 경제주의적 관점과 밀접히 연관돼 있는데, "왜냐하면 타협에 대한 혐오의 기저에는,

역사 발전에도 자연법칙과 유사한 객관적 법칙이 있다는 철벽같은 신념, 그리고 종교에서와 같은 예정적 목적론에 대한 믿음이 깔려 있기 때문이다."(그람시, 1997: 175)

이런 비판은 다시금, 단지 학자에 머무르지 않고 새로운 세력 관계의 창출을 목표로 한 "투사이자 열정의 인간이자 적극적 정치가"(그람시, 1997: 180) 마키아벨리에게 도움을 요청한다. 마키아벨리는 정치란 상대적으로 고정돼 있는 객관적 요소뿐 아니라 세력 관계의 요소에 의해서도 결정되는 것임을 간파한 인물로 그람시에게 수용된다. 사보나롤라의 추상적이고 환상적인 정치 개념과 달리 마키아벨리는 "역사적 세력들이 효율적이려면 어떻게 행동해야 하는지를 구체적으로 보여줄 생각이 있었을 뿐이다."(그람시, 1997: 181) 따라서 마키아벨리는 구체적 상황과 세력 관계에 대한 분석에 정세적(conjunctural) 사고를 도입하며, 그람시에게 그것은 "구조에 대한 행위의 우위"(김종법, 2015: 26)를 뜻하는 것이었다.

그람시의 이런 경제주의 비판은 궁극적으로 맑스주의 유물론의 핵심 교리로 간주되는 '토대/상부구조' 도식에 대한 문제 제기로 이어진다. 이른바 '제3기' 이론이 가정하는 것은 '경제 위기가 혁명적 상황을 낳는다'는 교조적 공식이다. 반면 그람시는 "기본적인 역사 위기가 경제적 위기에 의해 직접 규정되는가?"라는 질문을 던진다. 그리고 "직접적인 경제적 위기가 스스로 기본적인 역사적 사건들을 산출한다는 것은 고려할 필요조차 없는 거짓"(그람시, 1997: 193)이라고 답해 경제주의적 사고의 근본적 가정에 도전한다. 예컨대 1789년 프랑스 대혁명이 경제 위기로 인해 발생했다는 가정은 역사적 사실에 대한 연구를 거쳐 거짓으로 판명됐다.

더 나아가 하나의 사회적 위기가 제기하는 과제-그런 위기의 혁명적 극복-는 그를 수행할 주체적 조건에 대한 물음을 야기한다. 앞서 살펴보았듯 그람시는 그런 주체적 조건에 대한 물음을 집단 의지가 형성되는 과정으로 이해했다. 따라서 "연속적인 집단 의지가 어떻게 형성되며 그런 의지는 어떤 식으로 구체적인 장기적·단기적 목표-즉 집단적 행동의 방향-를 설정하는지"(그람시, 1997: 2005)를 분석하지 않고는 사회적 위기도, 그런 위기의 극복이라는 과제도 이론화할 수 없다.

이처럼 '정세'에 대한 정치적 사유라는 마키아벨리적 유산에 대한 수용, 그리고 사회적 '위기'를 단순한 경제 상황에서 찾으려고 하는 경제 환원주의적 관점에 대한 비판은 위기를 '헤게모니'와 관련해 이해하려는 그람시의 고유한 시도로 이어진다.

헤게모니

마키아벨리의 독자로서 그람시에 따르면 정치의 첫째 요소는 "지배자와 피지배자, 지도자와 피지도자가 존재한다"는 사실이다(그람시, 1997: 146). 따라서 정치는 항상 '어떻게 하면 효율적으로 지도할 수 있나? 어떻게 하면 복종을 얻어낼 수 있나?'라는 질문을 제기한다. 이는 단지 지배하는 계급이 지배받는 계급을 대상으로 수행하는 지도만을 의미하지 않는다. 지배자와 피지배자의 분할은 동일한 집단 내에서도 존재하며 그 경우 지배/피지배의 관계는 '자발적 복종'의 형태로 등장한다. 그런 의미에서 정치는 지도력을 발휘하기 위해, 그리고 타인의 자발적 복종을 이끌어내기 위해 어떤 구체적 기예와 전술이 필요한가 하는 질문을 낳는다. 그렇게 지배 혹은 지도를 받는 사람의 자발적 복종과 동의를 이끌어내기 위한 실천이라는 맥락에서 헤게모니 개념이 정의될 수 있다.

그람시에게서 헤게모니는 한 계급이 단지 힘의 위력(coercion)을 통해서가 아니라 제도와 사회관계, 관념의 조직망 속에서 다른 계급의 동의(consent)를 이끌어냄으로써 자신의 지배를 유지하는 수단으로 이해된다. 따라서 그의 헤게모니 정치는 사회 구성원 다수의 동의를 이끌어낼 역량을 확장하는 방식 속에서 계급적 대립의 문제를 해결해 나가는 정치를 뜻하고, 그 실천에는 지성과 윤리, 문화가 정치적 능력의 원천이 된다. 이는 분명 직접적인 경제적 이해관계만을 계급투쟁의 심급으로 규정했던 전통적 관점을 뛰어넘는, 계급투쟁의 새로운 차원을 의미한다(곽노완, 2007: 4~5).

여기서 중요한 개념 중 하나가 시민사회다. 시민사회는 좁은 의미의 강제적 국가와 달리 사적이고 자율적인 기초 위에서 피지배계급의 동의를 이끌어내는 공간으로 정의될 수 있다. 그람시의 시민사회 개념은 다양한 방식으로 해석될 수 있어 그 개념적 지형학(topology)을 고정하기가 쉽지 않다. 페리 앤더슨은 그람시에게서 시민사회와 국가가 맺는 관계가 '국가 ↔ 시민사회', '국가 ⊃ 시민사회', '국가 = 시민사회'로 서로 달리 정식화될 수 있다고 논증했다(앤더슨, 1995: 52). 국가와 시민사회의 관계를 자세히 다루는 것은 이 글의 범위를 벗어나므로 여기서는 시민사회의 정치적 효과에 대한 그람시의 분석에 주목하기로 한다.

지배계급은 직접적인 강제력에만 의존하지 않고 시민사회 속에서 언론과 출판, 교육 등 헤게모니적 장치를 통해 피지배계급의 자발적 동의를 이끌어내지만, 동시에 그 공간은 상대적으로 자율적인 영역이므로 그런 지배계급의 헤게모니에 대항하는 세력이 자신들의 대항 헤게모니를 창출할 여지가 남아 있다. 따라서 프롤레타리아 계급과 그들의 '유기적 지식인들'이 그 공간에서 지적, 도덕적 우위를 차지하기 위해 수행하는 헤게모니적 실천이 〈옥중수고〉에서 그람시의 최대 관심사라고 할 수 있다. 그 지식인들의 집합적 결속체인 정치정당 역시 헤게모니적 실천을 자신의 과제로 수행해야 한다.

베네데토 폰타나가 설명하듯이 그람시는 동의를 통해 획득되는 헤게모니적 관계를 동맹(alliance) 또는 연합(association)이라고 부른다. 그런 개념들은 역사적으로 사고될 필요가 있다. 로마제국이 거대한 영토를 유지한 것은 로마의 인민(populus)과 다른 민족들 사이에 체결된 동맹 덕분이었다. 〈로마사 논고〉에서 마키아벨리도 지적하듯 로마 인민 자체 역시 갈등의 내부에서 이뤄진 귀족과 평민 간 동맹의 산물이었다. 즉 로마 사회(societas Romana)는 동료(amici)와 동맹(socii)으로 구성되고 그 동맹(socii)으로 이뤄진 체계가 바로 사회(societas)를 뜻했다. 결국 개념적으로 '사회'는 이미 하나의 '헤게모니 체계'이며, 그람시의 헤게모니 개념의 역사적 선행 모델은 고대 로마의 사회(societas) 개념이라고 볼 수 있다(Fontana, 1993: 142).

따라서 하나의 사회를 구성하는 모든 시도는 헤게모니적 실천의 결과로 나타날 수밖에 없고, 이는 계급 지배 질서를 극복하고 무계급

사회를 달성하려는 정치정당의 실천에도 적용된다. 이런 그람시의 사고는 피지배계급의 가능한 넓은 부문과 연합해 파시즘적 지배에 맞서야 한다는 현실적 과제가 전제돼 있다. 그람시는 "파시즘 타도를 위해 모든 프롤레타리아 세력과 공화주의 강령에 결집돼 있는 (또는 결집할 수 있는) 제 세력을 공산당이 지도하는 노동자 계급 헤게모니 아래 하나의 전선으로 통일하는 전술"(피오리, 1991: 327)을 추구했던 것으로 보인다. 그런 전술은 '제3기' 이론이 가정하는 초좌익주의적 모험주의 전술 또는 즉각적으로 프롤레타리아 독재를 수립하는 방향과는 거리가 멀다.

그람시가 "정치에서 '진지전'에서의 승리는 결정적인 것"(그람시, 1997: 260)이라고 보는 이유는, 지배계급의 굳건한 헤게모니적 지배에 맞서 기동전을 펼치는 것이 무의미하고 오히려 피지배계급은 광범한 동맹(socii)을 창출해 헤게모니적 체계로서 사회(societas)를 형성할 때 전쟁에서 승리할 수 있기 때문이다. 결국 진지전은 기동전에 비해 훨씬 더 강도 높은 지적, 도덕적, 문화적 헤게모니적 실천을 필요로 하고 그런 실천을 주도할 지식인들의 결사체인 정치정당의 존재를 요청한다. "역사적 행위는 오직 '집합적 인간'에 의해서만 수행"되며, 따라서 이를 위해서는 "각기 이질적인 목적을 가진 분산된 의지의 다양성이, 공통의 평등한 세계관을 토대로 해, 하나의 목표로" 통일될 필요가 있다(그람시, 1993: 194). 앞서 언급했지만 이런 맥락에서도 역사적, 정치적 행위를 위한 통일성을 형성하는 지도력의 물음은 정치에서 본질적인 요소다.

더 나아가 이런 맥락에서 "그람시의 '진지전' 개념은 모든 급진적 전환-혁명적 행위는 이 과정의 내적 계기일 뿐이다-의 과정적 성격을 정확히 함의한다"(라클라우, 무페, 2013: 304)는 평가 역시 내려질 수 있다. 다만 그런 언급은 헤게모니적 정치 개념과 그 '과정적 성격'을 어떻게 이해하느냐에 따라 실천적으로 상이한 결론들을 도출해낼 것이 분명하다. 그것은 '그람시 이후' 서유럽 공산당들이 노선 전환을 두고 벌인 격렬한 논쟁을 예고한다.

마키아벨리를 읽는 알튀세르: 이론적 실천

1970년대 초반 알튀세르는 자신이 루이 아라공과 로제 가로디 등 프랑스 공산당 내의 '인간주의적' 경향에 대항했으나 당내에서 고립되고 실패했다는 사실로부터 자극받아 이론적 자기반성을 수행한다. 초기 저작들에서 제기한 '이론적 실천에 대한 이론으로서 철학'이라는 관념을 스스로 비판하고, 이론과 실천 사이의 관계를 새로이 제기하며 철학에 대한 계급투쟁의 우위를 주장한다. 이처럼 새로 제기된 실천에 대한 관심은 그를 그람시와 마키아벨리에 대한 탐구로 이끌었다(Lahtinen, 2013: 117~118).

알튀세르의 마키아벨리 수용이라는 비교적 알려지지 않은 주제에 관한 관심이 촉발된 것은 (1971년부터 작성돼) 1976년 완성된 미출간 텍스트 〈마키아벨리와 우리〉가 사후 1995년 출판되면서부터다. 책의 출간은 그람시의 역사주의와 실천철학에 대한 알튀세르의 (특히 초기 저작들에서의) 비판에도 불구하고 그람시에 대한 그의 태도가 훨씬 더

우호적이었음을 보여주기도 했다. 그 책에서 알튀세르는 마키아벨리와 계급투쟁의 관계를 전반적으로 조명한다.

먼저 마키아벨리는 기존의 문제틀(problématique)과의 단절이라는 '이론에서의 계급투쟁'을 수행하는데, 이는 그가 (르네상스의 지식인답게) 아테네, 스파르타, 로마와 같은 고대 세계를 동경하고도 플라톤, 아리스토텔레스, 에피쿠로스, 스토아학파, 키케로 등 고대 저술가들을 언급하지 않는다는 데서도 드러난다. 알튀세르에 따르면 그 침묵은 마키아벨리의 무지를 뜻하지 않는다. 침묵의 의미는 '단절' 선언이고, "정치 문제에서 지배적 이데올로기의 가상적 성격을 비판"(알튀세르, 2001: 28)하기 위한 것이었다.

분명 '마키아벨리와 계급투쟁'이라는 주제는 그람시를 경유해 사고해야 할 대상임에 틀림없다. 알튀세르는 그람시에게 마키아벨리는 과거에 대한 역사적 검토가 아니라 수립해야 할 미래의 권력 형태와 관련해 의미를 갖는다고 독해한다. 새로운 국민국가를 향한 마키아벨리의 열정은 '계급투쟁'을 통해 형성될 이탈리아 국가를 향한 그람시의 열정에 페르소나가 된다. 맑시스트의 관점에서 '국민'은 신흥 부르주아지가 시장을 창출하기 위한 핵심 요소를 뜻하지만, 마키아벨리의 관점에서 그것은 아직 도래하지 않은, 이제 정치적으로 구성돼야 할 대상을 뜻했다. 특히 중요한 사실은 국민의 형성은 그것을 방해하는 봉건제와의 투쟁을 통해 가능하다는 것이다. 따라서 국민은 계급투쟁을 통해 형성될 것이다. "계급투쟁은 국민 구성의 핵심에 놓여 있다."(알튀세르, 2001: 33)

그런데 그람시는 근대 부르주아 국민국가의 형성이라는 '역사'에 대한 고찰로서만 마키아벨리를 수용하는 게 아니다. 오히려 그런 요소를 미래에 투영한다. "결국 마키아벨리에게서 그람시를 사로잡는 것은 과거와 현재에 내재해 있는 미래다."(알튀세르, 2001: 36) 그람시의 정치정당에는 '남부 문제'를 해결해 이탈리아의 국민적-인민적(민중적) 집합 의지를 창출할 과제가 남아 있는 것이다.

그렇다면 어째서 마키아벨리의 역사적 과거는 현재를 비추는 거울이 될 수 있나? 마키아벨리는 분명 "역사 내지 정치의 법칙에 관한 지식"을 다룬다. 그러나 그는 어떠한 이론적 법칙이나 근본 명제를 수립하기를 거부한다. 그의 대상은 보편화될 수 있는 지식이면서 동시에 보편화될 수 없는, 구체적 상황에 대한 구체적 지식이다. '정치적 실천의 정식화'라는 그의 대상은 따라서 엄밀한 의미에서는 대상이 아니라고도 할 수 있다. 보편적인 것을 주제로 하지만 보편화될 수 없는 서술 대상을 설정하는 그의 전략은 "보편적인 것이 특이한 것을 지배하는 고전적 수사학의 습관과 단절"(알튀세르, 2001: 41)하려는 의지를 보여준다.

다시금 알튀세르는 마키아벨리를 기존의 문제틀에 대한 단절로서 '이론에서의 계급투쟁'을 수행한 사상가로 해석하며, 〈군주론〉이 일종의 "정치적 선언"이라는 그람시의 테제를 그런 의미로 해석한다. 즉 〈군주론〉은 정치 일반에 대한 이론이 아니라 구체적이고 특수한 정치적 실천과 관련한 저작이지만, 바로 그런 이유에서 이 책은 자율적인 '정치적 실천'의 조건과 형태를 이론화해 새로운 문제틀로 지반을 바꾸는 작업을 수행한다. 그런 맥락에서 알튀세르는 마키아벨리를 "정세에 관한 최초의 이론가 내지 의식적인 최초의 사상가"(알튀세르, 2001: 43)로 해석하며, 이는 앞서 보았듯 그람시의 마키아벨리 수용과 맥이 닿아 있다.

그렇다면 정치적 실천을 정세 속에서 사유한다는 것은 무엇을 뜻하는가? 계속해서 알튀세르는 그가 초기에 제시했던 '이론적 실천' 개념을 새로운 각도에서 재정의한다. 여기서 이론적 실천이란 정치적 실천의 주체와 그의 실천이 벌어지는 공간 사이의 배치를 서술하는 행위를 말한다. 그 스스로가 저술가이면서 동시에 정치가였던 마키아벨리는 '정치적 실천'을 수행하기도 하면서 동시에 이론과 정치의 공백을 메우는 '이론적 실천'을 보여준다. 그렇다면 그의 텍스트와 그 자신의 정치적 실천 사이의 관계는 어떻게 이해될 수 있을까? 고전 계몽주의는 텍스트와 실천을 분리하고 텍스트는 실천의 외부에 존재한다. 반면 마키아벨리에게서 현실 밖의 진리란 존재하지 않는다. 오히려 그는 진리는 실천 속에서, 세력 간의 대결과 당파적 투쟁의 효과에 의해 산출된다고 주장했다. 마키아벨리의 글쓰기는 "자신이 공표하고 참여하는 투쟁에서 자신의 텍스트가 하나의 수단으로서 보탬이 되도록" 만드는 "정치적 행위" 그 자체인 것이다(알튀세르, 2001: 52).

그런 면에서 알튀세르는 "〈군주론〉이 군주의 정치적 실천에 관한 텍스트일 뿐 아니라, 그 자체가 정치적 행동이기도 하다는 점"(Lahtinen, 2009: 10)을 드러낸다고 평가할 수 있다. 즉 알튀세르는 마키아벨리가 '군주의 실천'뿐 아니라 '〈군주론〉의 실천'을 보여준다고 해석한다. 이는 정세에 대한 지식인의 실천적 개입을 뜻하며, 그 지점에서 알튀세르는 마키아벨리를 '유기적 지식인'의 모델로 이해했던 그람시적인 이해 방식을 계승하고 있다고도 말할 수 있다.

알튀세르는 이처럼 마키아벨리가 수행한 〈군주론〉의 (이론적) 실천과 함께 그가 제시하는 '군주' 자신의 (정치적) 실천에 대해서도 이론화하고 이를 군주의 이데올로기적 실천의 관점에서 보여준다. "국민적이고 민중적인 목표를 성취하기 위해, 군주는 시작부터 인민의 이데올로기에 주목해야 한다."(알튀세르, 2001: 169) 즉 마키아벨리가 강조하는, '증오 없는 공포'를 획득하기 위해 필요한 군주의 역량은 "이데올로기의 정치, 이데올로기 속의 정치"(알튀세르, 2001: 176)의 필요성을 시사한다는 것이다.

이런 군주의 이데올로기적 실천은 바로 '여우'로서 군주의 비르투에서 드러난다. 여우의 형상은 폭력을 동원하는 사자와 달리 "상황과 위험들을 이해하고 그에 따라 자신의 외적 모습을 조작할 줄 아는 군주의 능력"(최원, 2016: 399)을 상징한다. 그것은 인민을 일상적 정념으로부터 거리를 두게 만드는 지성적 개입이면서 동시에 군주의 도덕적 우위에 대한 인민의 존경(증오 없는 공포)을 얻기 위한 실천이다. 물론 그것은 기만적이다. 그러나 이는 기만을 통해 인민과의 굳건한 동맹을 유지하는 군주의 실천을 뜻한다. 그람시와 마찬가지로 알튀세르 역시 마키아벨리에게서, 인민과의 동일시와 인민의 존경을 획득하기 위해 사자의 폭력성만이 아니라 지적·도덕적 우위에서 나오는 이데올로기적이고 헤게모니적인 동의를 획득해야 할 군주의 과제를 발견한다.

알튀세르는 1977년의 강연 〈마키아벨리의 고독〉에서도 그람시의 직관을 따라가며 이를 더욱 급진화하는 전략을 택한다. 즉 마키아벨리의 '정치적 실천'이 보여주는 급진성을 증언한다. 통일되지 않은 이탈리아에서 민족국가 건설이라는 과제를 제기한 마키아벨리는 새로운 국가의 새로운 군주만이 그런 과제를 실행할 수 있다고 주장한다. 여기서 그는 특정한 장소과 인물을 거론하지 않고 추상적인 방식으로 문제를 제기한다. 알튀세르는 "이런 익명성은 현존하는 모든 군주, 현존하는 모든 국가를 탄핵하는 방식"(알튀세르, 2012: 228)이라고 해석하는데, 이는 앞서 보았듯 그람시의 견해와 일치한다.

물론 마키아벨리는 국가를 세우는 사람은 혼자여야 한다고 주장해 "군주주의적 혹은 독재적" 계기를 주장하는 것도 사실이다. 국가의 창설은 단 한 사람의 독자적인 과제다. 그런데 거기에는 항상 위험이 도사리고 있다. 군주가 폭정을 행하면 인민은 반란을 일으키고 군주 자신을 파괴할 것이다. 따라서 국가가 지속되려면 혼자인 군주는 동시에 다수여야 한다. 그렇다면 군주와 인민 사이의 통일성은 어떤 계기로 형성되는가? 인민이 귀족에 대해 수행하는 계급투쟁이 그 답이다. 군주의 권력은 계급투쟁 속에서 인민에게 뿌리내릴 수 있다. 이처럼 마키아벨리에게서 "공화주의적 계기" 역시 읽을 수 있다.

따라서 마키아벨리는 군주주의적이면서 동시에 공화주의적이다. 그에게서 양자를 분리하는 것은 불가능하다. 이탈리아의 통일을 이룰 한 사람(군주)과 인민의 동맹이라는 역설적 조합이 이를 보여준다. 그런 조합은 군주의 관점에서는 "계급투쟁이 국가의 강화와 확장에 절대적으로 필수 불가결하다는 관념"을 보여주고, 인민의 관점에서는 "대중적 계급투쟁을 위한 공간을 제공"할 것이다(알튀세르, 2012: 230).

그런데 홀로 국가를 건설하는 군주는 고독한 존재일 수밖에 없다.

과연 그의 고독은 무엇을 의미하는가? 알튀세르는 그 '고독'이 기존 정치 체제와의 '단절'을 의미한다고 해석한다. 왜냐하면 그런 단절을 이루려면 군주는 자신을 기존 체제에 순응시키려 하는 주변 사람들로부터 고립된 채 고독한 혼자여야 하고, 그런 단절을 이룰 때 절대적으로 자유로워질 것이기 때문이다.

동시에 기존의 정치 관념과 결별하는 그런 책을 서술하기 위해서는 마키아벨리 본인도 고독을 감수해야 했다. 우리는 실제로 그가 1512년 이후 정계에서 밀려나 완전히 고립됐음을 알고 있다. 그러나 그런 고립은 그로 하여금 당대의 정치적, 철학적 경향이나 지배적 이데올로기로부터 멀리 떨어져 독자적 저작을 쓸 동력이 됐다. 그 덕분에 그는 중세적 정치 개념과도, 그 후 등장하는 17세기 자연법 사상가들과도 다른 언어로 정치를 서술할 수 있었다.

알튀세르는 마키아벨리가 맑스의 "원시적 축적론"에 해당하는 "원시적인 정치적 축적"에 대해 말하고 있다고 해석한다. 자연법 사상가들과 달리 그는 국가가 법과 자연으로부터 태어났다고 말하지 않고, 오히려 법의 언어에서 벗어나는 "무장력의 언어"로 국가의 형성을 서술한다. 즉 그는 국가 성립을 위한 시초적 폭력으로부터 출발하고 있다. 그런 의미에서도 마키아벨리는 정치를 "계급 간의 투쟁의 언어"로 말하고 있다(알튀세르, 2012: 236). 다만 마키아벨리를 고립에서 구하고 그의 언어가 갖는 의미를 계급투쟁의 관점에서 해석하려면 그는 현대로 끌어들여져야 했다. 그런 맥락에서 알튀세르는 "맑스와 그람시의 사상 체계만이 그를 고독에서 구할 것"(알튀세르, 2012: 242)이라고 전망한다.

'마키아벨리를 읽는 그람시'를 읽는 알튀세르 : 이데올로기론

알튀세르의 마키아벨리 수용 과정에서 그람시가 차지하는 역할에 대해 1990년대 이후 다양한 연구가 나왔지만, 대부분의 연구들은 앞서 검토된 마키아벨리에 대한 두 저작, 〈마키아벨리와 우리〉(국역본 〈마키아벨리의 가면〉)와 〈마키아벨리의 고독〉을 주요 논거로 사용한다. 반면 알튀세르가 그람시의 마키아벨리 수용에 대해 적대적 태도를 보이기 시작하는 1978년의 미완성 유고는 거의 검토되지 않았는데, 이는 〈무엇을 할 것인가?(Que faire?)〉라는 제목이 붙은 그 유고가 2018년 9월 프랑스에서 최초로 출간되기 때문이다.

유고에서 알튀세르는 그람시에게서 경제주의에 대한 비판이 편향된 방식으로 '상부구조의 우위'라는 테제로 귀결됐다고 보고, 그로 인해 그람시가 이데올로기를 무시하고 이데올로기론을 전개하지 않았다고 비판한다. 즉 그람시는 자신의 역사주의로 인해 이데올로기에 대한 질문을 던지지 못했다고 평가된다.

알튀세르의 비판은 그람시의 마키아벨리 독해를 겨냥한다. '동의'를 생산해내는 지배적 헤게모니의 기능에 집중했던 그람시는 마키아벨리의 특정한 측면에 과도히 의존했다. 정작 마키아벨리는 그람시의 헤게모니론이 놓치고 있는 정치적 '강제력'의 문제를 제기한다는 것이다. "우리는 마키아벨리를 그토록 찬양했던 그람시가 자신의 스승 마키아벨리에 비하면 얼마나 빈약한지를 보게 된다. 왜냐하면 그람시는 마키아벨리와 같이 국가 안의 '헤게모니'에 대해 힘(즉 군대)의 '계기'가 취하는 우위를 주장한 적이 전혀 없기 때문이다."(알튀세르, 2018: 122)

이런 알튀세르의 비판은 페리 앤더슨의 그람시 비판과 유사하다. "표면상, 마키아벨리는 '무력'과 '법률', 강제와 동의에 관심이 있었지만, 실제의 담론은 계속해서 '강제'와 '기만'으로-다시 말해-권력의 동물적인 요소만으로-미끄러져가고 있다. 그 결과, 후대에 마키아벨리즘이라 불리는 강압의 수사학이 탄생했다. 그람시는 자신의 연구의 상징적 모토로서 켄타우로스라는 마키아벨리적 신화를 채택했다. 그러나 실질적으로 마키아벨리가 동의를 강제로서 기각하는 곳에서, 그람시의 강제는 동의에 의해 침식당한다. 그런 면에서, 군주와 현대의 군주는 각각 뒤틀린 역상이다."(앤더슨, 1995: 102)

알튀세르가 보기에 그 힘(강제력)은 그람시의 이해 방식과 달리 단순히 '사자'의 형상만을 의미하는 것이 아니다. 강제력은 이성의 간지奸智를 뜻하고 여우의 덕목에 해당하는 것이기도 하다. 이는 그람시가 기각한 전제, 즉 헤게모니 장치를 작동하려면 '이데올로기적 강제력'이 필수적이라는 사실을 마키아벨리가 인지하고 있었음을 의미한다.

즉 그람시와 달리 마키아벨리는 자신만의 이데올로기론-'동의'뿐 아니라 '강제력'을 설명할 수 있는 이데올로기론-을 갖고 있었다. 그런 이데올로기의 강제력, 즉 "이데올로기가 '관념들'이 아니라 어떠한 특정한 물질성, 즉 이데올로기를 실현하는 '장치들'의 물질성이라는 점"(알튀세르, 2018: 125)이라는 의미에서 이데올로기의 물질성을 설명하려면 이데올로기적 국가장치에 대한 이론이 필요하다. 이제 마키아벨리는 바로 "이데올로기의 정치적, 그러니까 물질적 지위를 이해하기 위해 필수적인 개념으로서 이데올로기적 국가장치라는 개념에 이르는 길을 처음으로 개척"한 인물로 평가된다(알튀세르, 2018: 124).

알튀세르는 마키아벨리적인 '군주'를 해석하는 데서도 그람시와 차이를 드러낸다. '단 한 명의 군주'라는 표상이 갖는 반反봉건성을 이해한 마키아벨리는 부르주아 계급의 반봉건 투쟁 전략으로서 절대군주제를 옹호한다. 따라서 그런 군주를 '인격적' 주체로 해석해 이를 정당의 지도력 문제로 치환하는 그람시는 문제의 본질을 놓치고 있는 것이다. 그와 달리 알튀세르는 "군주는 하나의 정치적 전략이고 그런 자격으로 이 군주는 '주체 없는 과정'"(알튀세르, 2018: 128)이라는 점을 지적한다.

반면 군주를 '주체'의 테두리로 묶어 이를 다만 개인에서 집합으로 확장했던 그람시는 여전히 '주체의 의식을 통한 역사의 변화'라는 역사주의·경험주의적 사고에 묶여 있었으며, 알튀세르가 보기에 이는 이데올로기의 물질성-즉 의식에 대한 이데올로기의 우위와 그 '강제력'-이라는 비밀을 알려주는 마키아벨리와도, 역사주의를 넘어 구조적 인과성을 사유한 맑스와도 일치하지 않는 사고방식이었다.

'주체로서의 당=군주'라는 그람시적 표상에 대한 거부는 알튀세르가 생의 후반부에 전개한 '우발성의 유물론'이라는 맥락에서 더 분명히 드러난다. 1982년의 텍스트 '마주침의 유물론이라는 은밀한 흐름'에서 알튀세르는 형이상학적, 목적론적 유물론 표상에 대립하는 "마주침의 유물론, 따라서 우발성과 우연성의 유물론"(알튀세르, 2017: 36)이라는 철학사의 흐름을 제시하며 여기에 마키아벨리를 위치시킨다.

마키아벨리가 보기에 16세기의 분열된 이탈리아는 원자들의 마주침 없는 자유낙하와 같은 상황이었다. 그런 상황에서 그는 하나의 일탈이 일어나 이탈리아의 통일이라는 원자들의 응고, 즉 마주침이 생겨날 조건을 창출하려고 했다. 그런 일탈은 포르투나와 비르투의 마주침, 또 군주와 인민의 마주침을 필요로 한다. 이처럼 알튀세르는 마키아벨리가 정치를 존재론적 목적이나 도덕규범에서 해방해 그런 순수한 우발성과 마주침으로서 사유하는 철학, 즉 "정치를 관통하는 사고로서 '마주침의 유물론'이라 할 수 있는 유례없는 철학, 그리고 그와 같이, 예정된 어떤 것도 가정하지 않는 철학"을 정초한 것으로 해석한다(알튀세르, 2017: 46).

이런 우발성의 유물론 관점에 서 있는 알튀세르가 보기에, 마키아벨리에게는 정치와 역사의 주체는 존재하지 않고 마주침의 복합적 얽힘만이 존재한다. 그런 마주침의 사건은 확고히 자리를 잡을 수도 그러지 못할 수도 있고, 짧을 수도 지속될 수도 있다. 알튀세르가 초기 저작들에서부터 발전시켰던 '요소에 대한 관계의 우위'(예컨대 '생산력에 대한 생산관계의 우위' 또는 '계급의 존재에 대한 계급투쟁의 우위')라는 정식은 여기서 "주체에 대한 마주침의 우위"(Morfino, 2013: 72)로 발전한다. 무에서 창조하는 주체와 같은 것도 존재하지 않고, 거꾸로 목적론적 필연성 역시 존재하지 않는다.

반면 마키아벨리를 '주체'의 관점에서 해석하는 그람시는 여전히 남아 있는 (슈미트의 정치신학에서의 '주권자'와 유사한) 초월적인 주체, 무에서 유를 창조하는 주체의 모델에 머물러 있다. 이처럼 마키아벨리의 군주로부터 추론되는 '주체=당' 개념과의 단절에서 알튀세르와 그람시의 분기가 일어난다.

1985년의 텍스트 '독특한 유물론적 전통'에서 알튀세르는 다소 비관적인 언어로 마키아벨리의 이데올로기론에 대한 자신의 해석을 발전시킨다. 여기서 특징적인 것은, 그가 1976년과 1977년에 그람시의 마키아벨리 해석에 대해 보였던 어느 정도의 긍정과 달리 이제 마키아벨리를 철저히 '지배 이데올로기의 비밀'을 누설하는 이론가로 해석한다는 점이다. 마키아벨리가 강조하는 '여우의 비르투'는 대중에게 비치는 "군주의 사회적 이미지"를 만들어내기 위해 오늘날 대중매체 등이 수행하는 이데올로기적 실천과 유사하다. 알튀세르는 이를 "제1의 이데올로기적 국가장치"에 관한 이론으로 규정한다(알튀세르, 2017: 188). 이제 알튀세르는 그런 마키아벨리적 군주의 모델을 정치는 소멸하고 이데올로기만이 남아 있는 현대의 상황에 대한 알레고리로 해석한다.

또 그는 마키아벨리의 군주로부터 '공산당=현대의 군주'를 도출하는 그람시의 발상을 공상적이라고 평가한다(알튀세르, 2017: 194). 제3인터내셔널의 시대, 통일된 국제공산당의 시대에 "레닌주의적 정치

우위라는 환상"에 빠진 그람시는 단일한 세계의 중심(코민테른)이 존재한다는 총체성의 가상을 받아들였다. 그런 사고는 코민테른이 해산한 뒤 국제공산주의 운동의 전략과 전술 중심이 더 이상 존재하지 않는 시대, 마주침의 유물론과 부합하기 어렵다. 알튀세르는 세계의 탈중심화와 공산권(소련과 중국)의 미국에 대한 종속이 심화하는 시대에 마키아벨리과 레닌, 그람시의 꿈은 소멸해버렸다고 선언한다.

"따라서 더 이상 정치적 심급은 없고, 지정 가능한 정치도 없다. 바로 그런 이유로 우리의 현 세기는 동에서와 마찬가지로 서에서도 대중의 탈정치화의 세기다."(알튀세르, 2017: 198) 그런 시대의 특징은 정치의 소멸과 그 후 이데올로기의 비약적인 발전으로 말미암아 "이데올로기가 정치를 대체"하고 따라서 "정치의 환상, 정치의 이데올로기"만이 남게 된다는 것이다(알튀세르, 2017: 199~200).

이런 시대에 마키아벨리적인 군주를 정치의 주체로 상정하는 그람시적인 소박한 가정을 알튀세르는 "그람시의 어린애 같은 공상적 희망"(알튀세르, 2017: 203)으로 간주한다. 거대한 공기층 아래 살고 있는 우리가 공기의 무게를 느끼지 못하듯이 마찬가지로 우리는 거대한 이데올로기층 아래 살고 있지만 그 무게를 느끼지 못하는데, 그런 조건을 사유하려면 메시아적이고 유토피아적인 역사의 주체가 아니라 "진짜 영웅주의"가 필요하다. 그것은 "항상 현재적이고 현대적인 마키아벨리의 영웅주의"(알튀세르, 2017: 204)인데, 이는 혁명적 실천에 응용되는 그람시적인 마키아벨리의 소박함을 넘어 정치가 소멸한 뒤 이데올로기의 조건을 사유하는 마키아벨리를 일컫는 것으로 해석될 수 있다.

1978년 이후 수행된, 그람시에게 이데올로기 이론이 부재하다는 알튀세르의 비판을 우리는 어떻게 해석해야 할까? 물론 우리는 "헤게모니를 향한 이데올로기"(이순웅, 2008: 417)라는 맥락에서 그람시에게도 이데올로기의 물질성 개념이 존재한다고 말할 수 있다. 다만 그람시는 그것을 구조의 지배적 강제력이라는 문제틀에서뿐 아니라 헤게모니 투쟁과의 연관에서 이해하려고 했던 것만은 분명하다. 그런 면에서 알튀세르와 그람시 사이의 유사성이 지적되기도 하고, 알튀세르의 이데올로기적 국가장치 개념은 "그람시의 '헤게모니 장치' 개념에 대한 알튀세르적인 번역"(Thomas, 2013: 137)이라고 해석되기도 한다. 그렇다면 어째서 정작 알튀세르는 1978년 이후 그람시에게서 '이데올로기론의 부재'를 읽어내려 했을까?

이는 이데올로기 개념에 대한 알튀세르 본인의 입장(혹은 강조점) 변화와 관련 있어 보인다. 1960년대 후반에 작성된 미출간 텍스트 〈재생산에 대하여〉에서 알튀세르는 이데올로기적 국가장치에 대한 설명과 함께, 이에 대항하는 이데올로기적 실천이 "프롤레타리아 이데올로기"의 이름으로 수행돼야 한다고 주장한다. 즉 공산당은 개인을 "주체-투사"로 (이데올로기적으로) 호명한다(알튀세르, 1995: 342~343). 그런 의미에서 알튀세르가 상정하는 공산당은 그람시적인 의미의 '현대의 군주'의 역할을 수행해야 한다. 1976년과 1977년의 텍스트들은 분명 그런 알튀세르의 실천적 관심을 반영한다.

반면 "맑스주의의 위기"를 선언한 이후 펴낸 텍스트들에서 점차 알튀세르는 이데올로기와 헤게모니 개념을 국가나 지배계급의 실천과 관련해서만 사용하는 것으로 보인다. 여기서 그람시와의 차이가 나타난다. 이제 마키아벨리는 피지배계급 실천의 지침이 아니라 지배계급의 이데올로기적 실천의 비밀을 알려주는 인물로 인용된다.

아마도 이는 프랑스 공산당이 프롤레타리아 독재를 폐기하고 유로코뮤니즘으로 노선을 전환한 22차 당대회 전후로, 국가의 이데올로기적 지배 능력에 대해 과소평가하는 당대 공산당에 대한 그의 투쟁과 관련해 이해해야 할 것이다. 그가 보기에, 22차 당대회에서 프랑스 공산당은 "마치 단지 합법적 형태의 민주주의 일반으로도, 계급 문제이지 법의 문제가 아닌 국가와 그 기구라는 가공할 만한 문제를 처리하고 해결할 뿐 아니라 교정까지 할 수 있는 듯이 '국가의 민주화'라는 모호하고 달콤한 표현을 사용"해 국가기구의 분쇄와 사멸에 대한 사고를 소멸시켰다(알튀세르, 1992: 79). 그런 프랑스 공산당의 유로코뮤니즘적 방향 전환은 이탈리아 공산당을 모델로 삼은 것인데, 이탈리아에선 그람시의 헤게모니와 진지전 개념이 공산당의 노선 전환을 정당화하는 주요 근거로 제시되고 있었다.

알튀세르가 보기에, 마키아벨리를 '정치주의적 환원' 속에 독해하는 혼돈과 이데올로기 개념에 대한 결여 때문에 그람시에겐 (맑스주의 일반과 마찬가지로) 국가 문제에서 공백이 발생했다. 그 때문에 그람시에겐 시민사회를 통해 국가를 포획할 수 있다는 국가에 대한 낙관주의가 발생하고, 그런 치명적인 유혹이 실천적으로 유로코뮤니즘의 타협주의로 이어졌다는 것이다. 알튀세르는 그에 반발해 의식적으로 그람시를 비판하는 방향으로 나아갔다(Thomas, 2013: 138). 국가와 시민사회를 구분하는 그람시와 달리 알튀세르의 이데올로기적 국가장치론은 그런 구분을 의도적으로 거부하며, 실천적으로 그런 개념은 (계급 지배를 위한 장치인) 부르주아 국가에 직접적으로 대항하지 않는 유로코뮤니즘의 전략에 대한 도전을 의미하는 것이었다(Montag, 2013: 145).

물론 그람시가 실제로 국가와 시민사회를 분리했는가 하는 것도 커다란 논쟁거리임에 분명하다. 앞서 언급했듯이 페리 앤더슨은 그람시의 국가/시민사회 관계가 단순하지 않다고 주장한다. 더 나아가 그람시의 통합국가 개념에서는 국가와 시민사회가 통일돼 있고 그런 의미에서 그람시는 알튀세르의 이데올로기적 국가기구 개념에 근접해 있다는 해석도 존재한다(Kang, 2016: 7).

알튀세르가 그람시의 '정치주의적 환원'에 대해 비판한 것은 분명 일정한 타당성을 갖는다. 그람시의 역사주의와 실천 개념의 소박함이 갖는 한계에 대한 지적도 마찬가지로 일정한 의미에서 설득력이 있다. 실제로 그람시에게는 알튀세르가 (대문자) '이론'이라고 부르는 측면이 결여돼 있기 때문이다. 즉 직접적으로 주어진 대상이 아니라 일반화된 사유의 대상으로부터 또 다른 일반성을 생산하는 이론적 실천의 과정이 그에게는 드러나지 않는다. 그것은 분명 이론적 한계라고 볼 수 있다. 부분적으로 이는 그가 직접적인 정치가였기 때문이다.

그런데 역으로 여기서 그람시의 강점 또한 드러난다. 그는 맑스주의에 내재한 '정치의 공백'을 해소해야 할 현실적 필요성에 직면해 일종의 '막대기 구부리기'를 수행한다. 구체적 정세에 대한 구체적 분석과, 헤게모니적 실천을 위한 현대의 군주의 역사적 과제에 대한 환기는 그가 마키아벨리를 수용해 수행한 이론적 전회로 이해될 수 있고,

그런 전회는 경제주의적 낙관주의에서 기인하는 수동성과 무기력으로부터 맑스주의를 구하기 위한 역사적 필요에 부응하는 것이었다.

거꾸로 이론가이던 알튀세르에게는 정당의 창설자이며 지도자이자 투옥된 국회의원인 '정치가'로서 그람시가 행한 고민의 실천적 무게에 비교될 만한 전략적 고민이 나타나지 않는다. '국가의 외부'에 대한 알튀세르의 강조와 '시민사회에서의 진지전'에 대한 그람시의 강조 사이에는 엄연한 차이가 존재하는데, 현대적 상황에서 '국가의 외부'를 향해 가야 한다는 알튀세르의 전략이 현실적인지는 의문이다.

반면 부분적으로 그람시를 수용한 풀란차스나 발리바르의 전략 수정은 어찌 보면 이데올로기의 물질성에 대한 알튀세르의 이론적 분석과 '진지전'의 결합으로 이해될 수 있다. 그렇다면 그람시의 '현실주의'는 현대 국가에 대한 알튀세르의 분석을 보완한다고 말할 수 있지 않을까? 실제로 발리바르는 알튀세르와 그람시의 관계를 묻는 한 인터뷰에서 "공산당은 국가의 외부에 위치한다"는 알튀세르의 명제-근본적으로는 그람시주의를 내세운 유로코뮤니즘에 대한 반론-가 '신화적'인 관점에 빠질 수 있다고 보았다고 진술하기도 했다(Frosini, Morfino, 2016).

어쨌거나 그람시와 알튀세르의 관계에서 우리에게 중요한 것은 '(알튀세르의 비판에도 불구하고) 그람시와 알튀세르는 실제로는 유사하다'거나 거꾸로 '그람시와 알튀세르는 타협 불가능한 대립을 이룬다'는 양자택일적인 해석들 사이에서 하나의 답을 도출하는 것이 아니다. 중요한 것은 '어떠한 맥락에서' 그런 상이한 방식으로 마키아벨리에 대한 '정치적' 독해가 수행됐나 하는 것이다. 그람시가 마키아벨리를 수용한 것이 공장평의회 운동의 패배와 파시즘의 집권이라는 역사적 위기와 동시에 맑스주의의 위기라는 국면에서였다면, 거꾸로 알튀세르가 그람시의 해석을 비판하며 마키아벨리를 수용한 맥락은 또 다른 맑스주의의 위기 상황에서였다. 결국 마키아벨리의 두 독자는 서로 다른 역사적 '위기' 상황에서 그 위기의 이론적 공백을 메우려고 마키아벨리를 독해했던 것이다.

오늘날 '공산당'의 형태로 이뤄져온 맑스주의적 실천들은 종말을 고했다. 그런 점에서 우리 시대는 그람시의 시대와도, 알튀세르의 시대와도 일치하지 않는다. 그러나 "낡은 것은 죽어가고 있는 반면 새것은 태어날 수 없다는 사실"(그람시, 1997: 304)로부터 한 시대의 '유기적 위기'가 정의될 수 있다면, 신자유주의가 헤게모니를 잃은 뒤 '낡은 것'은 죽어가지만 아직 '새로운 것'이 등장하지 않는 현재의 조건은 분명 그 위기를 돌파할 새로운 형태의 실천들을 요청하고 있다.

그러나 과연 그런 실천이 어느 정도 수준에서 가능한가, 현재를 넘어서는 사회적 공간에 대한 '상상'은 구체적 현실의 토대 위에서 '실현'될 수 있나, 신자유주의 이후 사적 이해로 분열된 사회에서 '집합적' 의지의 결속이 이뤄질 수 있나 하는 물음들이 제기된다. 그리고 그런 물음들은 결국 정치의 '마키아벨리적' 심급이 여전히 유효함을 말해준다. 따라서 우리는 '오늘의 마키아벨리'는 우리에게 무엇을 말해줄 수 있는지 물어야 하고, 그람시와 알튀세르가 각각의 시대에 맞게 마키아벨리를 독해했듯이 우리 시대에 걸맞은 그에 대한 '정치적' 독해를 수행해야 할 것이다.

| 보론 |

마키아벨리의 <피렌체사> : 공화국의 비르투 혹은 갈등 속에서 정치의 역할에 관한 지혜

외로운 말년

1521년 메디치 가문 출신의 교황 레오 10세가 사망했다는 소식은 메디치가에 의해 피렌체 공화국에서 모든 공직을 박탈당하고 은둔 생활을 하던 니콜로 마키아벨리에게는 희소식이었다. 그러면서 메디치 가문의 권력이 약화되고 피렌체 역시 그 가문의 영향력에서 벗어나리라는 희망이 시민들 사이에 감돌았다.

그러나 네덜란드 출신 교황 하드리아노 6세가 개혁을 이루지 못하고 짧은 임기 끝에 사망하면서 또 다른 메디치가의 추기경 줄리오가 교황권을 다시 장악했다. 이후 클레멘스 7세로 취임한 그는 아직 추기경 시절이던 1520년 마키아벨리에게 피렌체의 역사에 대한 서술을 의뢰해놓은 바 있었다. 마키아벨리가 매우 뛰어난 문필가라는 주변의 추천에 따른 것이었다. 이러저러한 이유로 원고의 집필은 늦어졌지만 1525년 결국 마키아벨리는 〈피렌체사〉를 완성해 교황 클레멘스 7세에게 헌정했다. 그 책을 계기로, 또 말년의 벗인 로마 대사 프란체스코 베토리나 프란체스코 귀차르디니를 매개로 마키아벨리는 메디치 가문과의 인연을 다시 쌓고 싶어 했던 것 같다. 실제로 그에게는 자그마한 임무들도 부과됐다.

그러나 포르투나의 여신은 계속 메디치 가문의 손을 들어주지만은 않았다. 클레멘스 7세가 신성로마제국 황제 카를 5세에게 패한 뒤 피렌체에서 손을 떼야 했던 것이다. 메디치가의 영향력이 약해지면서 피렌체는 다시 공화정으로 복귀하게 된다. 마키아벨리 역시 다시 등장한 공화국이 이전에 피에로 소데리니 시절 피렌체를 위기에서 구해낸 자신을 재등용하리라고 기대했다. 그러나 피렌체의 공화파 인사들은 지난 1498년 화형당한 수도사 사보나롤라를 추종하고 있었고, 그 당시 사보나롤라를 비판했고 최근 교황과 가까워진 마키아벨리를 '메디치의 하수인'이라고 비난하고 말았다.

뒤에서 재론하겠지만 이런 비난은 결코 마키아벨리에 대한 적절한 평가일 수 없다. 어쨌거나 메디치 가문과 공화국 모두에 버림받은 마키아벨리는 1527년 6월 쓸쓸히 사망했다. 그러므로 〈피렌체사〉는 그가 생전에 남긴 최후의 대작으로 평가할 수 있다.

'잃을 것이 없는 자'의 교황권 비판

책의 헌사에서 마키아벨리는 클레멘스 7세에게, 책은 교황이 속한 메디치 가문을 다루며 코시모나 로렌초 데 메디치 같은 메디치 가문의 위대한 인물들을 칭송하지만 교황의 부친인 줄리아노 데 메디치는 많이 다루지 못했다고 밝히고 있다. 교황의 기분을 달래는 그런 말에 뒤이어 다음과 같이 적고 있다.

"가장 복되고 가장 거룩하신 교황 성하, 이 글을 쓰는 동안 나는 진실을 거스르지 않으면서 동시에 모든 이를 만족시키려 애써왔습니다. 그러나 아무도 만족시키지 못할지도 모르겠습니다. 그렇지만 설령 그런 상황이 발생하더라도 나는 놀라지 않을 것입니다. 왜냐하면 어느 누구도 많은 이의 기분을 상하게 하지 않고 자기 시대의 역사를 쓸 수는 없다고 생각하기 때문입니다."(마키아벨리, 2022: 19)

모든 사람을 만족시키는 역사가는 없다. 역사가는 분명 특정 시대를 서술하는 과정에서 후세 사람들이 칭송하는 인물을 비난할 수도 있고 그로 인해 미움을 받을 수도 있다. 특히 자신의 시대를 포함하는 역사를 서술할 때는 그런 미움과 비난이 더욱 거셀 것이다. 그러나 역사가는 미움을 사는 일을 두려워해서는 안 된다. 마키아벨리 역시 교황을 비롯해 실권을 가진 메디치 가문의 유력자들에게 미움을 사는 일을 두려워하지 않았다. 그리하여 책은 역대 교황을 거침없이 비난할 뿐 아니라 코시모와 로렌초를 칭송하는 중에도 메디치 가문의 피렌체 지배까지 거론하며 비난하고 있다.

책의 1권은 피렌체라는 도시의 역사를 설명하기에 앞서 로마제국이 붕괴한 뒤 진행된 이탈리아의 역사 전반을 그리고 있다. 1권 9장에서 마키아벨리는 로마제국이 붕괴하고 세력을 잃은 교황이 이탈리아 외부의 왕들(예컨대 프랑크 왕국)에 의존해 권력을 유지했다고 지적한다. 그리고 그것이 이탈리아에 분란의 씨앗을 낳은 원인이라고 지적한다. 이어서 이런 소회를 남긴다.

"그때부터 이탈리아 안에서 야만족들이 벌인 전쟁은 거의 다 교황들이 일으켰고, 이탈리아를 황폐화한 야만족들은 대개 교황들이 불러들였다. 그런 교황의 행동 방식은 우리 시대에도 여전히 계속되고 있으며, 지금껏 이탈리아가 분열돼 무기력해진 이유도 바로 이것이다."(마키아벨리, 2022: 50)

책의 의뢰인이 현직 교황이고 그가 책의 독자가 될 것임을 예상하고도 과연 이처럼 노골적으로 이전 교황의 폐해들을 지적할 수 있을까? 옛 교황들에 대한 노골적인 비난은 계속된다. 로마제국이 붕괴한 뒤 교황은 스스로 로마를 통치하지만 정작 로마 시민들은 교황의 지배에 저항했다.

"교황들은 다른 어떤 기독교 군주들보다 로마 시민들의 손에서 더 큰 모욕을 견뎌야 했다. 교황의 불신임으로 서쪽 세계 전체가 벌벌 떨 때도, 로마 시민들은 폭동을 일으켰다."(마키아벨리, 2022: 59)

대표적인 사례가 그레고리우스 7세였다. 교황권과 황제권의 대립이 낳은 카노사의 굴욕 사건 직후 황제 하인리히는 자신에게 굴욕을 준 교황에게 복수하기 위해 아들에게 군대를 이끌고 로마로 출정하게 했다. 황제의 군대는 로마를 정복하지 못하고 다시 독일로 돌아갔으나, 이번에는 교황을 지키겠다며 달려온 칼라브리아 공작 로베르 기스카르가 엉뚱하게 로마를 함락하고 도시를 약탈했다. 그 일로 로마 시민들의 원성을 산 교황 그레고리오 7세는 로마를 떠나야 했다. 교황이 로마의 수호자가 아니라 파괴를 이끈 원흉으로 지목되면서 로마 시민들은 그의 횡포에 분개했다.

이후에도 교황들은 자신의 권력을 확대하고 소유와 명예 욕구를 충족하기 위해 세속 왕국의 군주들보다 훨씬 잔인무도하고 그 이상으로 부패했다. 그리고 교황의 탐욕과 부패, 잘못된 판단은 언제나 이탈리아 도시들에 재앙을 초래했다. 이는 〈피렌체사〉의 독자들이 살던 시대에도 마찬가지였다.

"교황들이 자신의 영광과 이익을 위해 하지 않은 일은 없다. 우리 시대에 이르러서도 교황들은 자신들의 아들에게 군주의 자리를 마련할 계획을 세웠다. 앞으로 그들은 자신들의 아들에게 교황의 지위를 세습할 계획을 꾸밀지도 모른다."(마키아벨리, 2022: 80)

이 구절은 식스토 4세와 알렉산데르 6세 같은 전임 교황들을 겨냥한 것이지만 레오 10세와 클레멘스 7세를 배출한 메디치가를 정조준한 구절로도 해석될 수 있다.

자유로운 도시 피렌체와 영원한 갈등

이후 전개되는 피렌체 역사의 서술 전반에서 가장 중요한 주제는 '공화국의 분열과 갈등'이다. 그 점은 서문에서도 언급되고 있다. 마키아벨리는 레오나르도 브루니나 포조 브라촐리니 등 피렌체의 역사를 다룬 이전 저작들에서 한계를 발견하는데, 그것은 그들이 피렌체가 외국과 벌인 전쟁은 공들여 묘사하면서도 피렌체 내부의 분열은 묵과하고 침묵한다는 것이었다. 마키아벨리는 공화국 내부의 분열과 갈등을 생략하는 그들의 시도가 큰 오류에 빠져 있다고 지적한다.

"공화국을 통치하는 이들에게 유익한 교훈은 도시의 불화와 분열이 어떻게 발생했는지 보여주는 것이며, 그렇게 지난 사례를 통해 현

명해짐으로써 통치자는 도시의 통합을 유지하는 법을 배우기 때문이다."(마키아벨리, 2022: 21)

마키아벨리는 분열의 결과가 반드시 해롭지는 않았다고 지적한다. 분열은 분명 가장 강력한 공화국마저 일시에 파괴할 수 있지만 그럼에도 피렌체는 지금까지 번성하고 있다. 오히려 분열 속에서 피렌체는 강해질 수 있었다. 그런 판단에서 이렇게 덧붙인다.

"따라서 나는 왜 이런 분열이 특별히 주목받을 가치가 없다고 생각하는지 잘 모르겠다. 앞서 언급한 역사가들이 만일 자신이 말해야 할 이들의 명성에 폐를 끼칠까 봐 두려워 자제한 것이라면 이는 크게 잘못 생각한 것이고, 인간의 공명심이 무엇이며, 자신은 물론 조상의 이름까지도 영속화하는 인간의 욕망이 얼마나 강한지 거의 알지 못했음을 스스로 드러냈을 뿐이다."(마키아벨리, 2022: 22~23)

분열과 갈등은 인간의 적대적 본성에서 비롯하는 것으로 막을 수 없고 인간에게서 제거할 수 없는 것이다. 그렇다면 역사가에게 필요한 것은 그 같은 분열에 대해 침묵하는 것이 아니라 각각의 분열과 갈등을 세밀히 관찰해 교훈을 얻어내는 일이다. 특히나 피렌체처럼 늘 내부의 분열에 시달려야 했던 도시의 역사라면 마땅히 그래야 한다.

〈피렌체사〉를 읽는 내내 독자는 끝없이 반복되는 수많은 갈등에 머리가 아플 지경이 될 것이다. 처음에는 교황과 황제가 대립하는 가운데 친교황파인 구엘프와 황제파인 기벨린이 맞서며 도시가 갈라지고 이후에는 귀족과 평민이 치열히 투쟁하고 그 뒤에는 평민 유력 가문들끼리 대립하고 또 하층 평민과 상층 평민 간에 싸움(촘피의 난)이

벌어진다. 매 챕터마다 새로운 갈등과 음모가 반복되며 반란과 폭력적인 권력 교체, 전쟁과 암투가 그려진다. 이렇게 보면 피렌체는 단테를 배출한 도시답게 하나의 지옥처럼 보인다. 그러나 마키아벨리는 그런 분열로부터 좌절하거나 악을 비난하는 도덕가의 모습을 취하지 않는다. 그는 분명 분열과 갈등에서 어떤 '교훈'을 찾으려는 정치적 관심을 나타내고 있다.

그 때문에 마키아벨리는 각각의 갈등적 상황에 따라 구체적 결론을 도출하려고 노력한다. 이를테면 평민과 귀족의 투쟁에서도 역사적 사례에 따라 상반된 견해를 제시한다. 2권 12장부터 15장까지 서술되고 있는 귀족과 평민 간 계급투쟁을 살펴보자. 1294년 귀족들의 싸움에 한 평민이 휘말려 살해되는 사건이 발생한다. 용의자로 지목된 귀족 코르소 도나티는 이듬해 초 무죄 방면된다. 이에 평민들은 귀족 역시 범죄를 저지를 경우 똑같이 처벌할 것을 명한 도시 최고행정관 자노 델라 벨라에게 찾아가 억울함을 호소한다. 그러나 절차를 중시하는 자노의 신중함에 평민들은 만족하지 못하고 급기야 폭동을 일으키고 만다. 무장봉기를 통해 주도권을 쥔 시민들은 도시 의회 시뇨리에서 귀족의 권한을 줄이는 방편으로 제도를 정비하고 의원들을 교체했다. 새 정부를 구성한 평민들은 베키오 궁전을 짓고 도시의 평안을 다졌다.

이렇게 귀족의 특권에 대항한 평민들이 주도해 구성한 피렌체 새 정부에 대해 마키아벨리의 지지는 확고했다. "우리 도시가 그때보다 더 번영을 누린 적은 결코 없었다. 우리 도시는 사람과 재물과 명성이 넘쳐났다. (…) 귀족과 평민 사이에 여전히 분노와 시기가 남아 있었지만, 아직 도시에 나쁜 영향을 일으키지는 않았고 모든 이가 협력하며 평화롭게 살았다."(마키아벨리, 2022: 152) 그러나 그 후에도 피렌체는 대내외적 분쟁에 시달렸다.

마키아벨리가 2권 33장부터 42장까지 할애해 상세히 서술하고 있는 에피소드는 귀족과 평민 간의 최후 대결이다. 우선적으로 자유를 지키기 위해 피렌체인들은 단결했다. 1342년 루카를 둘러싼 전투에서 피사에 패한 피렌체는 통치 위기에 직면해 나폴리에 원조를 요청했다. 나폴리 국왕은 피렌체를 대리 통치하라며 특사인 아테네 공작 발테르 2세를 파견한다. 이는 피렌체 시민들에게 치욕스러운 일이었지만 귀족들은 평민들을 제압하기 위해 공작을 받아들이기로 합의했다. 그러나 새로 부임한 공작은 가혹한 전제적 통치를 시행했다. 이에 대항하는 반란 과정에서 피렌체의 모든 계급이 단결할 수 있었다.

"예로부터 모든 것을 아주 자유롭게 말하고 행하던 피렌체 시민들로서는 손이 묶이고 입까지 봉해진 작금의 상태를 더 이상 참을 수 없었기 때문이다."(마키아벨리, 2022: 203)

그 결과 피렌체인들은 1343년 7월 공작과 그 일당을 몰아내고 도시의 자유를 회복했다. 그리고 투쟁을 주도한 귀족들이 다시 도시의 권력 관계에서 우위를 점하게 됐다. 마키아벨리는 만일 귀족들이 시민적 자유를 지키는 방향으로 통치했더라면 도시가 안정을 되찾았으리라고 전망한다. 그러나 평등을 경멸하고 군주가 되기를 원하는 귀족 공직자들은 다시 평민들로부터 원한을 샀다. 평민들은 또다시 반란을 일으키고 이번에는 폭력적으로 귀족 가문들을 끌어내렸다. 이에 도시에서 귀족 가문은 파괴되고 귀족들은 모든 권력을 잃고 공직에서도 추방됐다.

마키아벨리는 이런 귀족들의 권력 박탈과 완전한 패배가 "피렌체에서 군대가 없어지고 고귀한 정신마저 사라지게 된 이유"(마키아벨리, 2022: 220)였다고 밝히고 있다. 이후 자신들의 군대로 피렌체를 지킬 수 있는 세력이 사라지고 평민 중 부유한 가문이 피렌체의 권력을 사유화할 길을 열어놓았기 때문이다.

책의 3권 1장에서 마키아벨리는 귀족과 평민 사이의 갈등이 공화국에 미친 영향을 정리하고 있다. "지배하려는 귀족의 욕망과 복종을 거부하는 평민의 저항에서 비롯되는, 귀족과 평민 간의 심각하지만 자연스러운 적의가 공화국에 창궐하는 모든 악의 근원이다."(마키아벨리, 2022: 228) 그러나 그것은 없앨 수 있는 악이 아니다. 적대는 지배하려는 계급(귀족)과 지배에서 벗어나려는 계급(평민)의 본성상 불가피한 일이다. 그렇다면 적대의 사악함을 비난하기 전에 해야 할 일은 적대의 본성을 이해하고 그 결과들을 분석하는 것이다.

마키아벨리가 이상적인 공화국의 모델로 칭송하는 고대 로마에서도 귀족과 평민 간 적대는 존재했다. 그러나 로마와 피렌체는 그런 적대로부터 상이한 귀결을 낳았다. 로마는 평민과 귀족 간 불화가 논쟁으로 해결됐다. 그들은 법을 제정해 평민을 공직에 참여하게 함으로써 평민이 귀족과 같아지고 시민적 미덕이 향상되는 결과를 만들어냈다. 반면 피렌체는 한 계급이 다른 계급을 말살하고 권력을 독점하면서 다양성과 경쟁적 상호 견제가 사라져버렸다. 로마는 평민이 정치에 참여해 비르투를 획득하면서 공동체 전체의 역량이 강화된 반면, 피렌체는 귀족이 평민으로 격하되면서 시민들의 비르투가 전반적으로 낮아질 수밖에 없었다. 그 결과 귀족들이 지닌 미덕(관용의 정신과 군사적 미덕)이 도시에서 완전히 사라지게 됐다.

촘피의 반란과 적대의 제도화

마키아벨리는 피렌체의 역사를 기억하는 모든 사람이 꺼려하는 민감한 주제인 촘피(치옴피)의 반란을 책의 3권 12장부터 18장에 걸쳐 매우 소상히 기록하고 있다. 물론 그 반란을 "공화국에 훨씬 더 해로운 새 소요"(마키아벨리, 2022: 259)라는 부정적 뉘앙스로 서술하고 있다. 그러나 동시에 그 반란으로부터 새로운 정치적 제도화가 출현했으리라는 암시 역시 숨기지 않고 있다.

피렌체 안에서 길드의 자치권과 영향력이 점차 확대돼가는 중에 서로 다른 길드 사이에 불평등도 커졌다. 각 길드는 주류인 7개 마조리Maggiori 길드와 소수파인 21개 미노리Minori 길드로 나뉘게 됐다. 동시에 자신들의 길드를 갖지 못한 최하층민 역시 존재했다. 그들은 노동 과정에서 부당한 대우를 받아도 호소할 방법이 없어 다른 이들의 길드로부터 판결을 받아야 했다. 대표적으로 촘피Ciompi로 불리던 양털을 깎는 사람들(양모 직인)이 이에 해당한다.

정식 길드원이 아니라는 이유로 차별과 수모, 임금 하락을 겪어야 했던 그들은 1378년 여름 반란을 모의한다. 마키아벨리는 반란이 초래한 폭력과 무질서를 힘껏 비난하지만 반란의 정당성을 인정하는 뉘앙스를 풍기기도 한다. 이는 촘피 세력을 규합하는 어느 이름 없는 지도자의 (아마도 마키아벨리 본인의 상상으로 작성됐을) 긴 연설문을 그가 인용하는 대목에서 드러난다.

"내가 보기에 우리의 성공은 확실합니다. 우리를 좌절시키는 저 부자들은 분열돼 있고, 그들의 분열은 우리에게 승리를 가져다줄 것이며, 그들의 부는 일단 우리의 것이 되면 우리를 지켜줄 것이기 때문입니다. 우리 앞에서 자랑스럽게 떠들어대는 그들의 오랜 혈통에 주눅 들지 마십시오. 모든 인간은 그 기원이 같아서 너나없이 똑같이 오래됐으며, 자연에 의해 단 한 가지 방식으로 만들어졌기 때문입니다." (마키아벨리, 2022: 262)

그러나 그들의 모의를 눈치 챈 시뇨리는 주모자 중 한 사람인 시모네 델라 피아차를 구속했다. 그러자 그날 밤 분노한 1천 명 이상의 무장한 하층민들이 도시를 가득 채웠다. 반면 다음 날 아침 시뇨리를 지키는 부대는 중무장한 기병 80명에 불과했다. 그해 7월 20일 하층민 병력은 도시 곳곳을 돌아다니며 최고행정관 루이지 귀차르디니를 비롯한 고위층의 집을 불태우고 약탈을 벌였다. 그 수는 6천 명이 넘었다. 이른바 촘피의 난이었다.

7월 21일 이들은 포데스타 궁전에 진입해 시뇨리 의원들과 협상을 벌여, 촘피 외에도 염색공, 이발사, 재단사, 조끼 제조업자 등 다른 하층민들을 위한 길드를 제정하고 그 길드의 대표들 역시 시뇨리에 참여하게 해달라고 요구했다. 시뇨리는 마지못해 그들의 요구를 수용했다. 이제 새로운 정부를 구성할 차례가 됐다. 반란자들은 촘피의 대표자인 미켈레 디 란도를 최고행정관인 정의의 곤팔로니에레로 세웠다. 그는 방화와 약탈을 중단하고 질서를 세운 뒤 기존 길드의 기득권을 해체하기 위해 각 길드의 대표에 새로운 대표를 임명하고 하층민이 포함된 각 길드의 대표자들 중심으로 시뇨리를 새로 구성했다.

이후 반란을 벌인 하층민들은 자신들의 대표자 미켈레에 대한 지지를 유지하지 않았다고 마키아벨리는 전한다. 미켈레에 반대하는 하층민들이 또 하나의 정부를 세워 도시는 이중 권력 상태가 됐다. 그러나 미켈레가 이끄는 새 정부가 현명한 결단으로 잔존하는 반란 세력을 진압하고 도시에 안정을 가져왔다. 마키아벨리는 이것이 "순전히 곤팔로니에레의 미덕 덕분"이라고 말하면서 "그는 용기와 선량함, 현명함에서 당시의 다른 모든 시민을 능가했으며, 자신의 조국을 크게 이롭게 한 몇 안 되는 인물로 손꼽힐 만하다"(마키아벨리, 2022: 276)고 칭찬했다.

어째서 마키아벨리는 피렌체의 역사를 기술한 다른 인문주의자들과 달리 촘피의 반란 지도자이자 하층민의 대표로 정부 권력을 장악한 미켈레를 이토록 칭송했을까? 이는 촘피의 난 그 자체를 무질서한 폭력 행위로 묘사하는 그의 서술과 일견 모순되는 것처럼 보이기까지 한다. 필자가 보기에, 마키아벨리는 미켈레가 촘피의 난이 제시한 혁명적 요구를 '제도화'할 지도자의 역량을 지녔다고 본 듯하다. 즉 마키아벨리는 무장 폭동 방식으로 도시에 무질서를 초래한 촘피의 반란 방식에는 동의하지 않았지만, 반란이 일으킨 폭력과 약탈을 멈추고 질서와 안정을 되찾으면서 동시에 반란이 제기한 '정당한' 명분을 제도화하는 데서 그 반란 세력 지도자의 미덕을 찾았던 것으로 보인다. 결국 마키아벨리는 미켈레를 예찬해 촘피의 반란이 제기한 평등주의적 구호와 부유층을 향한 하층민의 적대감에 공감하되, 그 반란의 비효율적 폭력성이라는 방식은 비난한 것이 아닐까.

어쨌거나 그 반란은 결국 성공을 거두지 못한다. 9월에 새로 소집된 시뇨리에서 하층민들을 구성원으로 간주하지 않고 추방하라는 요구가 거세게 일었을 때 미켈레는 이를 수용했다. 곧 시뇨리는 하층민들의 길드를 없애고 하층민들의 공직을 박탈해버렸다. 그런 반혁명이 성공을 거두면서 도시의 분열은 계속됐다. 따라서 이후에도 마조리 길드와 유력 가문 평민들이 주축이 된 평민당(Parte Popolare), 미노리 길드와 하층민이 주축이 된 민중당(Parte Plebea) 사이의 대립은 멈추지 않았다.

폴커 라인하르트는 촘피의 반란 실패를 이렇게 평가한다. "촘피 우두머리는 비르투를 갖추고 있었고 용기 있는 행동을 했다. 그래서 역량 있는 자로 천거됐다. 그러나 유감스럽게도 그는 그 자질로 국가에 기여할 기회를 얻지 못했다. 결국 보수적 성향의 인내력이 더 강한 것으로 판명됐고 정치적·사회적 혁명은 일어나지 않았다. 그 후에는 오히려 귀족의 기반이 그 어느 때보다 더 확고해졌다."(라인하르트, 2022: 408)

하층민이 일으킨 반란과 도시 내부에 도사린 적대는 제도화될 기회를 영영 잃어버렸다. 그 결과는 안정이 아니라 더 커다랗고 더 폭력적인 새로운 분열과 갈등이었다. 그런 맥락에서 라인하르트는 "'피렌체의 역사'는 파멸의 역사이자 강하고 자유로운 국가를 확립할 기회를 날려버린 기록이다"고 말하고 있다(라인하르트, 2022: 404).

적대의 승화

만일 도시 내에서 적대가 불가피하다면, 즉 분열과 갈등 그 자체가 사라질 수 없는 일이라면 공화국은 어떤 방식으로 적대를 다뤄야 하는가? 7권 1장에서 마키아벨리는 이 까다로운 주제에 대해 다음과 같이 언급한다.

"어떤 분열은 공화국에 해롭고, 또 어떤 분열은 공화국에 이롭다는 말은 진실이다. 다시 말해 파벌과 반목을 동반하는 분열은 공화국에 해롭고, 파벌과 반목을 수반하지 않는 분열은 공화국에 이롭다. 따라서 공화국의 설립자는 비록 그 안에서 일어나는 모든 적개심을 다 막을 수는 없다고 하더라도, 적어도 파벌의 성장에는 대비해야 한다." (마키아벨리, 2022: 589)

마키아벨리에 따르면 시민은 공적 방식과 사적 방식으로 도시에서 명성을 얻는다. 그는 전투에서 승리하고 새로운 도시를 획득하고 열정적 의지와 냉정한 판단을 모두 동원해 훌륭히 업무를 마칠 때 얻게 되는 공적 명성과, 돈이나 이익을 챙겨주고 환심을 사는 방식으로 얻는 사적 명성을 구분한다. 후자의 대표적 사례가 바로 금융업을 통해 얻은 부로 정치적 명망과 권력을 손에 넣은 메디치 가문임을 책을 읽는 독자는 어렵지 않게 추리해낼 수 있다. 그렇기 때문에 〈피렌체사〉는 피렌체 유력 가문들의 파벌과 당파가 어떻게 공동체를 분열시켰는지를 비판하는 책임과 동시에, 현재 피렌체를 지배하는 메디치 가문의 파벌과 당파에 대한 비판을 강하게 암시하는 책이기도 하다. 그런 맥락에서 앞서 언급한 1527년의 공화파가 마키아벨리에게 제기한 비판-'메디치의 하수인'-은 부적절한 것으로 드러난다.

마키아벨리는 사적 명성에서 파벌과 반목이 생겨난다고 지적한다. 그런 파벌과 당파의 지지자들은 공화국을 분열로 가득 차게 만들 것이다. "하지만 불행히도 피렌체의 분열은 늘 파벌을 동반했고, 그 결과 항상 공화국에 해로웠다."(마키아벨리, 2022: 590) 이런 구절들이 암시하듯이 메디치는 자신들의 파벌을 통해 공화국을 사유해왔다. 그들은 돈으로 관직을 매수하거나, 돈으로 획득한 파벌을 이용해 공화국의 권력을 독점하는 식으로 사익을 채워왔다. 그러나 그렇다면 어떻게 공화국은 권력의 사유화를 막고 파벌과 당파가 끼치는 해악을 막을까?

마키아벨리는 '조화'를 통해 적대를 종식하는 해결책은 불가하다고 주장한다. 따라서 남은 선택지는 적대를 '이용'하는 것이다. 그가 귀족 계급을 통째로 몰락하게 만든 1343년의 평민 반란을 비난한 이유 역시 그런 맥락에서 이해될 수 있다. 한 계급의 소멸은 그들과 경쟁하는 다른 계급의 부패를 낳을 것이다. 적대자와의 대결 없이는 공화국은 부패한다. 이는 공화국 내부의 사회 계급 역시 마찬가지다. 서로 다른 계급들이 경쟁적으로 상호 대립할 때 공화국은 한쪽의 권력 독점을 막고 시민적 자유를 실현할 수 있다.

결국 그는 적대의 소멸이 아니라 적대의 승화를 통해 그 에너지를 공화국의 번영을 낳는 방향으로 이끄는 전략을 택하고 있다. 이런 해석은 마키아벨리의 공화주의를 시민들 사이의 조화를 통해 이루는 공동선보다는, 적대의 제도화 또는 적대의 승화를 통해 통합을 추구하는 경합적 공화주의(agonistic republicanism)로 개념화할 가능성을 열어놓게 한다.

파벌들의 갈등을 넘어

적대에 대한 마키아벨리의 시각은 사회 곳곳에서 분열과 대립, 반목과 갈등을 마주하는 우리에게도 유용한 관점을 제시한다. 필자는 단적으로 다음과 같은 질문을 던질 수 있다고 생각한다. 오늘의 한국 사회에는 공적 갈등이 존재하는가, 아니면 사적 대립과 파벌들의 갈등만 존재하는가?

한국 사회는 수많은 갈등과 분열이 존재한다. 심각한 수준의 정치적 갈등은 정당들 사이에 어떠한 대화와 타협도 불가능하게 만드는 것처럼 보인다. 사회 내에서도 구성원 집단들 간에 혐오와 차별, 심지어 '묻지마 폭력' 같은 형태의 극단적인 공격적 타자 혐오가 출현한다. 사회적으로 차별받는 소수와 집단에 대한 폭력적 적대감은 이루 말할 수 없을 정도로 심각하다. 그래서 많은 사람은 정치가 대화와 타협의 기능을 수행하기를 바라고, 사회 내의 적대가 소멸하기를 원하고 있는 것처럼 보인다. 그러나 마키아벨리의 현명한 통찰을 받아들이면 적대 없는 사회는 존재할 수 없고 정치는 오히려 적대적 갈등의 힘으로부터 자신의 원천을 찾아야 한다. 반면 마키아벨리의 언어로 표현하자면 한국 사회에 존재하는 수많은 적대적 갈등들은 공화국을 건강하게 만드는 형태의 갈등이 아니라 파벌들 사이의 사적 반목이나 상호 혐오로밖에 보이지 않는다.

대표적 사례가 정치적 갈등이다. 해소가 불가능해 보이는 정치적 갈등의 쟁점은 실은 특정한 정책적 이념이나 정책을 둘러싼 것이 아니라 자신이 어떤 유력한 지도자의 편인가에 따라 형성된다. 마키아벨리가 피렌체의 역사를 두고 한탄했듯이 정치를 사유화하는 파벌들 사이의 갈등만이 첨예화된 채 표출되고 있는 것이다. 사회에 만연해 있는 혐오와 차별, 폭력적이고 공격적인 적대감 역시 집단화된 형태의 사적 원한에 가깝다. 그것은 정치 공동체의 새로운 변화를 만들어내는 형태의 적대가 아니라 원한에 사무친 개인들이 서로 쏟아내는 공격 에너지의 배출일 뿐이다.

결국 우리는 현재 한국 사회에 필요한 적대의 승화가 무엇인지 고민하게 된다. 마키아벨리는 로마에서의 계급 갈등이 수행한 구성적 역할을 주목하라고 조언한다. 원로원 귀족들에 대항했던 평민들이 호민관직을 창설해 공화국을 번성으로 이끌던 순간 말이다. 포르투나마저 복종시킬 수 있는 강한 정치적 비르투를 통해 소수의 특권층이 권력을 독점하지 않게 만든 집단적 투쟁의 힘 말이다. 그러나 한국 사회에는 그런 형태의 공적 적대는 소멸한 채 파벌적 형태의 정치적 갈등과 사적 원한의 집단화만을 경험하고 있다. 우리는 어디로 가고 있나?

니콜로 마키아벨리(1550~1600년 제작, 유화, 산티 디 티토)

〈니콜로 마키아벨리의 작품(Opere di Niccolò Machiavelli)〉에 실린 초상화(1780년쯤, 그림 페르디난도 그레고리)

17세기 초반, 유화 Antonio Maria Crespi Castoldi

1550~1560년대, 유화 Cristofano dell'Altissimo

촘피의 난(19세기 중반 제작, 그림 Giuseppe Lorenzo Gatteri). 최하층민인 촘피(양모 직인)는 자신들의 길드를 갖지 못하고 차별과 수모를 겪다가 1378년 여름 반란을 일으킨다. 마키아벨리는 반란이 초래한 폭력과 무질서를 비난하지만 난이 제기한 '정당한' 명분을 제도화하는 데서 지도자의 미덕을 찾는다.

1920년대 초 삼십대 초반의 안토니오 그람시

L'ORDINE NUOVO

Rassegna settimanale di cultura socialista

Istruitevi, perchè avremo bisogno di tutta la nostra intelligenza
Agitatevi, perchè avremo bisogno di tutto il nostro entusiasmo
Organizzatevi, perchè avremo bisogno di tutta la nostra forza

Segretario di redazione:
ANTONIO GRAMSCI

1° MAGGIO 1919

Redazione e Amministr.: Via XX Settembre, 19 - TORINO

Abbonamenti: Annuale L. 10; Semestrale L. 5, trimestrale L. 3; Abbonamento straordinario dal maggio a tutto dicembre 1919 L. 6.

Abbonamento sostenitore la L. 20, annuale; L. 10, semestrale

ANNO I. - N. 1.

Un numero: Cent. 20

Conto corrente con la Po

SOMMARIO

Editoriali: Battute di preludio. La situazione italiana. — Programma di lavoro. — **Max Eastman**: Uno statista dell'Ordine Nuovo. — **Romain Rolland**: La via che sale a spirale. — **Fantasio**: Luigi Blanc e l'organizzazione del lavoro. — La disfatta di Agostino Lanzillo. — **A. Bonaccorsi**: Albina. — **Palmiro Togliatti**: Parole oneste sulla Russia. — **A. Gramsci**: Vita Politica Internazionale. — La Battaglia delle Idee: La politica d'un filosofo, Un libro del prof. Vaccaro, I «segreti» della moda.

Occorre alla propaganda parolaia, che ripete stancamente, con afiducia mal celata dalla sonorità e dall'audacia tutta esteriore delle frasi, sostituire la propaganda del programma socialista, di quel complesso cioè di soluzioni ai grandi problemi sociali che solo possono conciliarsi e vivificarsi in un tutto armonico e compatto nell'ideologia socialista. Vogliamo che in tutta la propaganda socialista cioè si faccia seguire sempre la critica della società capitalistica, del falso ordine borghese coll' ordine *nuovo* comunistico.

fecondare l'opera fattiva della ricostruzion sono oggi i soli e veri «pratici».

I soli e veri «pratici», se pratica è un e adeguatezza del fine coi mezzi: se è vero c gli ideali sono i mezzi più potenti di trasform sione sociale. Ai socialisti poi il dovere che qu sto magnifico slancio non si perda in va logomachie, e giunga, rapido, consapevole, col minor numero possibile di vittime, al meta.

Risuonano nell'animo nostro, monito e inc tamento, le parole d'un socialista russo, Mya

1919년 5월 1일 창간호 〈신질서〉. 그람시는 안젤로 타스카와 팔미로 톨리아티, 움베르토 테라치니 등과 함께 주간지 〈신질서〉를 창간한다. 신문에 실린 그람시의 주장에 따라 그해 말 토리노 노동자들 15만 명이 공장평의회로 조직된다.

1933년 복역 중에 병 치료를 위해 이송되던 그람시

Gramsci, Communist Leader, Dying in Italian Fascist Jail

MOSCOW, May 1 — Antonio Gramsci, outstanding leader of the militant workers of Italy, is dying in an Italian prison, it has been learned by the International Red Aid.

The I. R. A. calls upon workers in America to organize a campaign for his release, including demonstrations and delegations to Italian consulates in leading cities.

Gramsci was one time honorary president of the Comintern. He was arrested in 1927, tried, and sentenced by the Mussolini anti-labor black-shirts to prison because of his membership in the Communist Party.

1933년 5월 22일자 시카고의 신문 〈The Daily Worker〉에 실린 그람시 옥중 병마 소식. '이탈리아 파시스트의 감옥에서 죽어가는 공산주의 지도자 그람시'라는 내용

GIUS. LATERZA & FIGLI
BARI
La filosofia di
Benedetto Croce
DISEGNO

마키아벨리와 그람시. 그람시는 군주와 인민 모두에게 말을 거는 마키아벨리의 지적 실천에서 마키아벨리즘의 혁명적 성격을 본다.

그람시는 1926년부터 1937년까지 11년간 수감돼 있으면서 노트 32권에 3천 쪽에 달하는 글을 썼다. 노트의 수고는 사후 〈옥중수고〉로 출간됐다.

루이 알튀세르

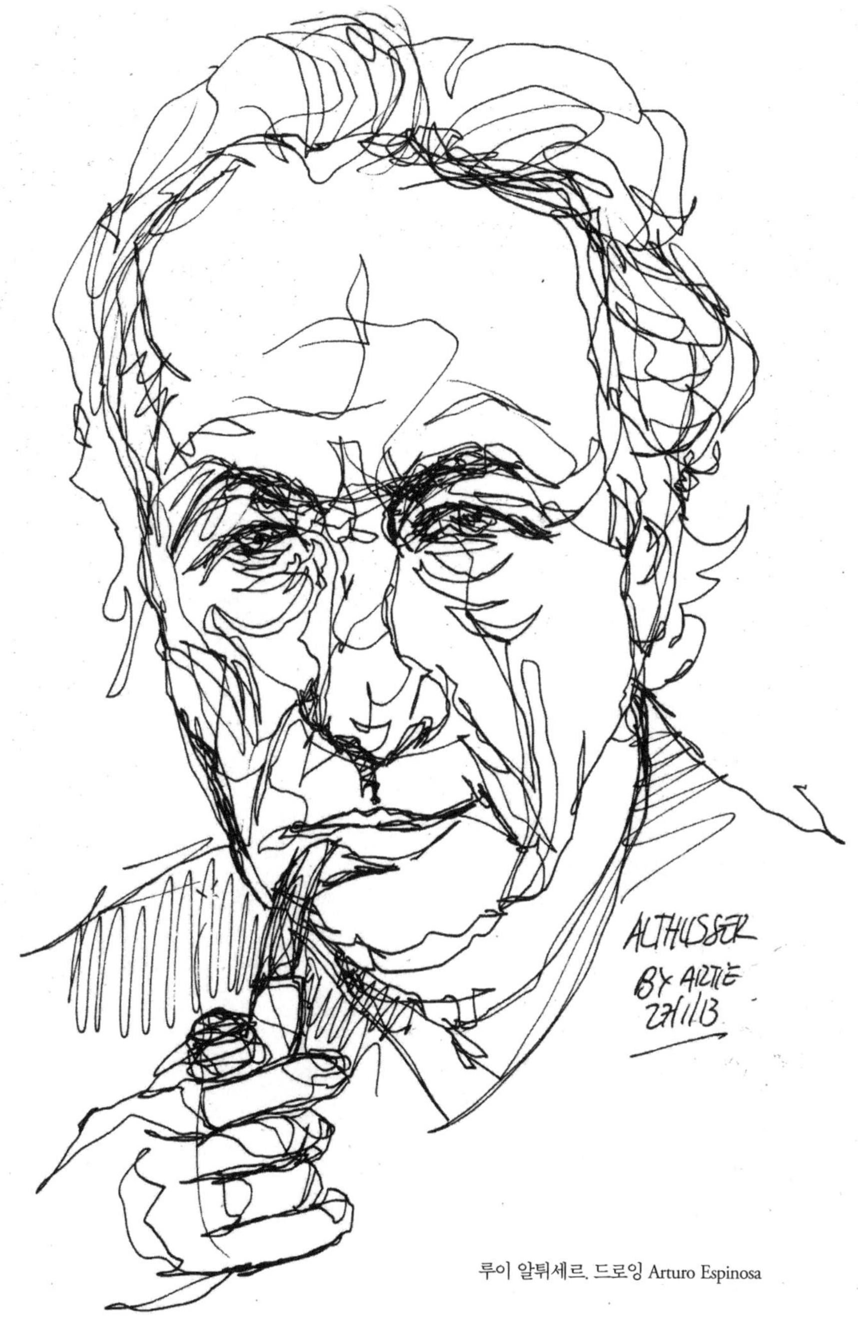

루이 알튀세르. 드로잉 Arturo Espinosa

1917년 7월 4일 러시아혁명이 완수되기 직전 페트로그라드에서 벌어진 시민들의 시위에 맞서 러시아 임시정부가 진압을 개시한 순간의 상황

1956년 10월 말 헝가리 혁명 중에 부다페스트의 성난 군중들이 스탈린 동상을 무너뜨리고 잔해를 둘러싸고 있는 모습(사진 Nagy Gyula)

홉스의
정치적 독자들

LEVIATHAN,

OR

The Matter, Forme, & Power

OF A

COMMON-WEALTH

ECCLESIASTICALL

AND

CIVILL.

By THOMAS HOBBES *of* Malmesbury.

LONDON,

Printed for ANDREW CROOKE, at the Green Dragon
in St. *Pauls* Church-yard, 1651.

〈리바이어던〉 1651년 런던 초판

자기보존을 인간 존재의 제1의 원리로 삼았던 현대 부르주아 사회에서 주체는 경쟁의 원리하에 생존하기 위해 자기부정을 통해 자기보존에 도달해야 한다는 역설에 직면한다. 그것은 지배에 저항하지 못하는 개인과 익명의 집단적 '대중'을 창출하는 효과로 이어진다. 이런 고찰은 '개인적 자유의 극대화를 추구하는 자유주의적 근대 사회는 어째서 개인의 익명성을 바탕으로 하는 대중사회로 진입했나?' 라는 물음으로 연결된다.

호르크하이머와 아도르노의 〈계몽의 변증법〉에 등장하는 모든 개념과 분석은 '어째서 계몽의 이상인 성숙한 개인은 소멸했나?'에 맞춰져 있다. 총체적 지배가 관철되던 20세기의 전체주의 국가들뿐 아니라 '자율적' 대중문화가 '문화 산업'이라는 이름으로 범람하는 서구 자유주의 사회에서도 '익명의 대중' 속에 살아가는 개인들은 주체적 사유 능력의 결핍이 관찰된다. 사회적 연대성을 잃고 원자화와 무한 경쟁 속에 파묻혀 사는 개인은 자기 자신의 본래적 자아를 자각하지 못하고 사회가 요구하는 타율적 삶의 모습에 순응하며 살아가는 '표준화된' 존재로 전락한다. 이것이 계몽적 근대성의 역설이다.

이런 진단은 비단 자유방임주의 경제가 붕괴한 뒤 전체주의 대중운동이 급속도로 확산된 20세기 초반의 파시즘과 나치즘의 경험에만 적용되는 게 아니다. 오늘날 세계화된 신자유주의 체제에서 개인의 '자기통치'가 확산되면서 오로지 경제적 합리성만을 미덕으로 여기는 호모 에코노미쿠스Homo economicus, 곧 경제적 인간이 하나의 인간형으로 자리 잡았다. 경제적 합리성이 규범적 판단의 유일한 척도가 된 사회에서 각 개인은 그런 합리성이 부과하는 강제에 자발적으로 복종한다. 입시를 치르기 위해, 취직하기 위해, 승진하기 위해, 모든 경쟁에서 타자를 누르고 상승하기 위해 개인은 끝없이 자기부정을 감내한다. 이렇듯 "상승을 통해 매개된 자기보존과 자기파괴의 변증법"(정진범, 2017a: 103)은 신자유주의적인 현대사회의 본질적 특징이다. 그런 사회에서는 고립된 개인을 결속할 동일성 원칙의 지배적 성격이 등장할 토대가 형성된다.

이처럼 철저히 시장 경쟁의 관계가 개인의 일상에 파고드는 오늘날의 무한 경쟁과 개인의 원자화는 홉스적인 '자연상태' 진단에 상응하는 면모를 보여준다. C. B. 맥퍼슨은 17세기 영국이 소유적 시장사회에 근접해 있었다고 주장하며 홉스가 (비록 의식적이지는 않더라도) 전제하는 사회 모델이 소유적 시장사회였다고 주장한다. 그는 이렇게 말한다. "홉스의 명시적 전제들(…)은 본질적으로 소유적 시장사회의 전제들이다. 홉스가 권력와 가치, 명예를 분석하는 과정에서 구성하고 교환적, 분배적 정의를 분석하며 확인한 사회 모델은 본질적으로 소유적 시장 모델에 조응한다."(맥퍼슨, 1991: 104~105)

자기보존을 일차적 원칙으로 받아들이는 개인들의 경쟁에 토대한 부르주아 사회는 바로 그런 자연상태의 연장인 것이다. 그런 상황은 '계몽의 변증법'을 보여준다. 즉 그것은 자기보존의 원칙이 이성의 도구화와 함께 주체 자신의 쇠락을 낳는 역설적 논리의 현주소인 것이다. 예컨대 모든 사회적 유대 관계로부터 단절된 고립된 삶 속에서 새로운 형태의 민족적 동질성과 권위주의적 리더십을 스스로 요청하는 신자유주의 시대의 주체들은, 리바이어던의 초월적 권위를 자발적으로 요청하는 홉스적 주체와 닮아 있다.

이번 장은 홉스의 역설을 다룬다. 그것은 자기보존을 위한 자발적 복종이 현대사회를 살아가는 주체의 특징임을 의미한다. 그리고 그런 역설이 호르크하이머와 아도르노가 〈계몽의 변증법〉에서 분석한 자기보존과 자기부정 사이의 역설적 관계에 상응함을 분석할 것이다.

이어서 논점은 20세기 법이론가인 칼 슈미트의 홉스 독해로 이어질 것이다. 홉스의 독자로서 슈미트는 홉스를 근대적 '개인적 자유'와 그 후의 자유주의라는 판도라의 상자를 열어버린 인물로 저주한다. 물론 그런 슈미트의 홉스 해석은 과장이다. 그러나 문제는 단순하지 않다. 슈미트의 '과장된' 홉스 독해는 그가 봉착한 난관에 대해 어떤 '징후'를 보여주는 것은 아닌가? 그 징후를 분석하는 가운데 우리는 슈미트의 이론을 넘어, 혹은 슈미트를 거꾸로 독해함으로써 현대 정치에 대한 정반대의 귀결을 도출하려고 한다. 그것은 자유주의의 역사적 의의를 '갈등의 제도화'에서 찾는 것이며, 따라서 자유주의가 낳은 제도화된 갈등의 영역 속에서 헤게모니적인 방식으로 '정치적인 것'이 구성됨을 이론화하는 급진민주주의의 노선이다. 그런 맥락에서 이후 우리는 '정치적인 것'의 역동성을 이해하기 위해 발리바르와 무페 등 급진적 비판이론에 의한 징후적인 슈미트 읽기가 시도될 필요가 있다고 주장할 것이다.

홉스의 역설

'리바이어던'은 누구인가?

홉스 자신이 직접 제작에 참여한 〈리바이어던〉의 표지는 그의 시각적 전략을 나타낸다. 여기서 군주의 몸을 이루는 신민들의 모든 눈은 군주를 향하고 그들은 오로지 군주의 눈을 통해 독자를 응시할 수 있다. 잉글랜드 내전 기간 프랑스 파리 등지에서 망명 생활을 하는 동안 렌즈 공학의 영향하에 광학렌즈를 통해 빛과 이미지의 분산이 가능해진다는 사실을 체득한 홉스는 표지에서 다수 신민들의 분산된 시선이 어떻게 군주 리바이어던으로 집중되는가를 표현했다. 한가운데 위치한 거인 리바이어던은 그가 망명 생활을 보낸 소도시 오퇭의 생라자르 대성당에 있는 팀파눔(반원형의 입구 상단 부분)의 영향을 받았을 것으로 추측된다.

대성당의 정문 팀파눔에는 로마네스크 조각가 기슬레베르투스Gislebertus의 '최후의 심판'이 조각돼 있는데, 거기서 예수는 거인처럼 정중앙에 위치해 가차 없는 정의를 통해 자신의 위엄을 실현하는 주권자로 표현돼 있다. 작품에는 다음과 같은 텍스트가 새겨져 있다. "세속적인 죄에 사로잡힌 인간에게, 여기서는 공포가 공포를 두려움에 떨게 할 것이다."(Bredekamp, 2007: 50~51) 〈리바이어던〉에도 이에 상응하는 다음과 같은 성경 구절이 적혀 있다. "땅 위에 그것과 비교할 수 있는 힘은 없다."(욥 41:24) 홉스가 자신의 저작 표지에 그린 리바이어던 역시 마찬가지로 공포의 힘을 통해 지배하는 군주를 나타낸다.

이런 다양한 홉스의 시각적 전략들은 무엇을 겨냥하는가? 그가 이처럼 표지에서 여러 시각적 장치를 통해 리바이어던이라는 가공할 주권자의 이미지들을 독자에게 전달하는 반면, 정작 본문에는 리바이어던이라는 표현은 서문과 17장, 28장에 단 세 차례 등장할 뿐이다.

먼저 서문에서 리바이어던은 이렇게 묘사돼 있다. 신이 기예를 통해 자연을 창조했듯이 인간 역시 이를 모방해 일종의 인공적 동물을 만들어낼 수 있다. 그렇게 만들어진 인공적 신체는 또한 자동기계(automata)를 의미한다. 인간은 그런 방식으로, 신의 창조를 모방해 국가를 창조한다. "이 기예에 의해 코먼웰스commonwealth 혹은 국가(state), 즉 라틴어로 키비타스civitas라 불리는 저 위대한 리바이어던이 창조됐는데, 이것이 바로 인공인간이다."(Hobbes, 1998a: 7)

17장에서 홉스는 상호적인 자연적 권리의 포기와 위임을 통해 탄생하는 국가를 다시 리바이어던이라 부르고 이를 신에 비유한다. "다중이 하나의 인격으로 통일돼 만들어진 이것은 코먼웰스, 라틴어로 키비타스라고 불린다. 이것이 저 위대한 리바이어던 또는 (더 정중히 말하자면) 불멸의 신(Immortal God) 아래서 우리의 평화와 안전을 책임지는

필멸의 신(Mortal God)의 탄생이다."(Hobbes, 1998: 114)

28장에서 홉스는 리바이어던의 성경적 맥락을 소환한다. "나는 통치자를 욥기 41장의 마지막 두 구절들로부터 차용해 리바이어던에 비유했다. 신은 리바이어던의 강력한 힘을 일컬어 교만한 자들의 왕이라 했다."(Hobbes, 1998a: 212) 즉 리바이어던은 거대한 힘을 가진 동시에, 교만에 가득 찬 인간을 지배하는 세속적 군주이자 괴물, 야수를 의미한다.

이렇게 〈리바이어던〉에 등장하는 세 구절에서 리바이어던은 매우 상반된 대상들로 서술된다. 즉 원래 성경 욥기에서 괴물이자 야수로 그려진 리바이어던은 홉스에 와서 인간(man)이자 인격(person), 자동기계이자 인공적 신체(artificial body), 신(불멸의 신 아래서 만들어진 필멸의 신)이면서 동시에 국가 전체를 말하기도 하고, 통치자, 즉 주권자를 일컫기도 한다. 이런 설명은 일종의 난센스처럼 보이기까지 한다. 어떻게 하나의 대상이 동시에 인간이자 기계이자 신이며, 국가 전체이면서 동시에 주권자(국가의 부분)일 수 있나?

리바이어던을 지칭하는 모든 설명은 공통적으로 신민들이 국가 전체에 종속되는 메커니즘을 표현하고 있다. 즉 그것은 인간으로 이뤄진 신체로서 인간을 재료로 삼는 거대한 인공적 인격이며, 자신의 신체를 이루는 시민 개개인의 의견과 무관하게 운동하는 자동기계다. 그것은 모든 법률적 규칙을 초월한 존재, 곧 신이며, 국가의 구성원들에게 공포의 힘을 보여줄 괴물이기도 하다.

다시 홉스가 사용하는 〈리바이어던〉 표지 삽화의 알레고리로 돌아가보자. 그 삽화로부터 아감벤은 "아무도 살지 않는 텅 빈 도시 그리고 지리적 경계들 바깥에 위치한 국가라는 수수께끼"(아감벤, 2017: 74)라는 문제를 제기한다. 도시 내에는 코먼웰스의 신체를 이루는 인민은 존재하지 않는다. 도시에 존재하는 것은 소수의 근위병뿐이고 거리는 황량하게 묘사돼 있다. 그렇다면 인민은 어디에 있나? 말 그대로 인민은 기계장치이자 인공적 신인 리바이어던의 몸을 이루는 일부가 돼 있다. 표지 삽화에서 모든 신민은 주권자의 얼굴을 응시하며 뒤를 돌아보고 있다. 독자는 신민 개인의 얼굴을 확인할 수 없다. 오로지 주권자의 얼굴만 존재할 뿐이다. 홉스가 그려내는 국가는 그런 익명성의 공간, 개성과 고유성이 사라진 국가를 말한다.

그런 개별성의 소멸과 집단적 신체로서 국가 사이의 대비를 설명하기 위해 홉스는 다중(multitude)의 다양성과 인민(people)의 통일성을 대조한다. 개인은 다중으로 존재할 때 지니고 있던 다양성과 고유성을 부정함으로써만 통일적 인민으로 거듭날 수 있다. 그렇게 자신의 고유성을 부정한 인민이 국왕의 정치적 신체를 이루고, 인민과 국왕은 통일체가 된다.

클로드 르포르가 지적하듯 인민과 국왕이 하나의 신체를 이루는 모델은 현대 전체주의의 결정적 이미지이기도 하다. "전체주의라는 근대성은 급진적으로 인공주의적 이상과 유기체적인 이상이 결합하는 가운데서 그려진다. 몸이라는 이미지는 기계라는 이미지와 결합한다."(르포르, 2015: 25) 그리하여 인공의 산물이자 기계이며 신체인 동시에 초월성을 갖는 신적인 존재를 나타내는 리바이어던은 근대 주권의 본질적인 형상에 이미 '전체주의적인' 어떤 요소가 내재해 있음을 강하게 암시한다.

앞으로 살펴보겠지만 이는 매우 역설적인 논리다. 자연상태에서 절대적 자유를 누렸던 개인은 자기보존을 위해 사회계약에 동참하지만, 그렇게 해서 탄생한 국가의 질서 속에서 자신의 고유한 정체성을 부정함으로써만, 즉 국가기계의 신체의 일부를 이루는 재료로 전락함으로써만 자기보존을 유지할 수 있다. 이와 같은 홉스의 역설(paradox)을 이해하려면 우리는 그가 제시하는 자연상태 개념의 특수성을 고찰할 필요가 있다.

자연상태: 정념의 늪이자 고도의 이성적 공간

〈리바이어던〉 13장에서 홉스는 자연상태에서 인간의 본성적 삶이 어떠한지 설명한다. 그가 말하는 자연상태는 인간의 자유와 평등을 전제하는데, 이는 동시대의 다른 이론들이 자연상태에서 인간의 부자유와 불평등을 가정하는 것과 차이를 보인다. 그런데 그처럼 인간이 자연상태에서 자유롭고 평등하다면 그런 자유와 평등의 결과가 바로 항구적 전쟁 상태인 셈이다. 즉 자연상태에서 인간은 자유롭고 평등함에도 '불구하고' 전쟁을 벌이는 게 아니라 자유롭고 평등하기 '때문에' 전쟁을 벌이는 것이다. 그렇다면 홉스가 보기에 국가 내에서 신민들의 자유와 평등을 요구하는 사람들은 그것이 낳을 참상과 파괴를 인식하지 못한 채 요구하는 것과 같다. 거꾸로 자연상태가 우리에게 주는 교훈은 우리 자신의 '자유와 평등으로부터' 우리 자신을 지켜야 한다는 귀결이다(Hoekstra, 2007: 122). 즉 홉스의 자연상태론의 결론은 전쟁의 원인이 되는 인간의 근원적 자유와 평등을 불가능하게 만들고 복종을 가능케 할 정치사회를 성립해야 한다는 것이다.

그런데 〈리바이어던〉에 나오는 자연상태론과 그의 전작 〈시민론〉(1642)에서 언급되는 그것 사이에는 차이가 있다. 〈시민론〉에서 홉스는 자연상태를 "정념의 제국"으로, 국가를 "이성의 제국"으로 묘사한다(Hobbes, 1998b: 116). 즉 자연상태는 정념이 지배하는 곳으로, 국가는 이성이 지배하는 공간으로 묘사된다. 반면 〈리바이어던〉에서 홉스는 그런 이분법에서 벗어난다. 그에 따르면 자연상태에서 인간은 정념적이면서 동시에 이성적인 존재다.

"이런 상호 불신으로 인해, 인간에게는 자기 자신을 보호하려면 선제공격에 나서는 것만이 합리적인 방법이다. 즉 그것은 그가 더 이상 그를 위협하기에 충분한 커다란 힘을 찾지 못할 때까지, 힘 또는 책략에 의해 그가 할 수 있는 한 모든 사람의 인격을 오랫동안 지배하는 것이다."(Hobbes, 1998a: 83)

자연상태에서는 선제공격에 나서는 것이 "합리적", 곧 이성적이다. 왜냐하면 자신을 위협할 것으로 예상되는 상대를 제거하는 것이 자기보존을 위한 최선의 방법이기 때문이다. 여기서 드러나는 홉스의 이성 개념에 따르면, 인간의 이성은 자기보존이라는 목적을 달성하기 위해 최적의 전략을 추론하고 판단해내는 고도의 '수단적' 능력을 지칭한다.

이처럼 〈리바이어던〉에 나오는 자연상태론에서는 인간 존재로부터 정념과 이성의 통일이 발견된다. 자연상태에서 나오는 공격성은 경쟁(competition)과 소심함(diffidence), 명예욕(glory) 등 정념적 원인에 의한 것이면서 동시에 '예방적 선제공격'이라는 이성적 전략에 의한 것이기도 하다. 이런 이성적 전략을 설명하는 홉스의 논증 구조는 현대 사회학에서 제시되는 '게임 이론'을 닮았다. 즉 홉스의 자연상태와 예방적 선제공격론은 죄수의 딜레마와 같은 현대적인 '합리적 선택 이론'의 효시로 볼 수 있다.

이런 맥락에서 '인간은 인간에게 늑대다'라는 홉스의 명제는 인간이 늑대와 같은 야수적 본성을 가졌다는 의미가 아니라, 합리적 개인이 자연적 조건에서 자기보존을 이루기 위해 늑대와 같은 생존 전략을 합리적으로 발전시킨다는 사실을 의미한다(Kersting, 2007: 215). 여기서 우리는 홉스가 발전시키는 일종의 '도구적 이성'의 모델을 발견한다. 즉 그에게 이성은 자기보존을 완수하기 위한 전략적, 계산적 능력을 뜻한다.

인간의 이성적 사유 능력이 도달한 결과는 더욱 커다란 공포를 창조해내는 것이다. 그것만이 인간의 정념을 이용해 질서를 가능케 할 것이다. 결국 인간의 합리적 사유 능력은 인간 자신을 공포에 떨게 만들 거대한 국가장치의 탄생으로 귀결된다. 따라서 이성의 산물인 사회계약은 모든 계약의 당사자들을 공포 속에 살아가게 만들 절대주권의 창출이다.

절대주권의 탄생: 자연권 양도와 자기보존의 딜레마

홉스에게서 사회계약의 체결과 주권의 성립은 동시에 자연권의 포기와 양도, 곧 "상호적인 권리 양도"(Hobbes, 1998a: 89)를 의미한다. 그리고 자연권의 상호적인 양도가 이뤄지려면 각 개인이 계약을 위반

할 시 가해질 강력한 처벌에 대한 두려움이 필요하다. 홉스는 이렇게 말한다. "의지해야 할 정념은 공포다."(Hobbes, 1998a: 94) 그 두려움이란 자신의 생명을 잃을 수 있다는 두려움, 즉 자기보존에 실패하리라는 두려움을 말한다.

결국 자기보존을 위한 사회계약 체결은 인간을 두려움 속에 살아가게 만들 강력한 국가장치를 탄생시켰다. 그러나 자기보존 역시 온전한 형태로 보장받을 수 없다. 주권자는 신민의 생사를 여탈할 권한을 가진 자, 삶과 죽음을 결정하는 초월적 존재이기 때문에 신민은 주권자의 손에 살해될 수 있다는 두려움 속에서 살아가야 한다. 결국 자기보존에 실패하리라는 자연상태에서의 공포는 반복되고, 홉스에게서 자기보존이라는 본능은 결국 인간이 자기 자신을 억압하는 근거로 나타난다. 다시금 홉스의 논의 구조는 이런 역설, 곧 자기보존을 위해서는 자기보존에 실패할 수 있다는 항구적 공포를 감내해야 한다는 이중적 논리를 드러낸다.

그런데 여기서 중요한 사실은 홉스가 강조하는 주권자의 절대권력과 그에 대한 복종이 어떻게 가능한가 하는 점이다. 리바이어던은 외부로부터 주어지는 실체가 아니다. 그것은 각 개인이 자발적으로 체결한 계약에 의해 탄생한 인공적 기계이자 짐승이자 신이다. 이처럼 각 개인의 동의에 의해 계약이 체결된다는 점에서 홉스 이론의 '자유주의적' 측면이 발견된다. 물론 그에게서는 시민적, 정치적 '자유'에 대한 권리는 주장되지 않는다.

〈시민론〉에서 홉스는 계약이 체결된 뒤 국가는 신민들에게 사상의 자유를 인정하지 않는다고 말한다. 특히 국가는 "어떤 의견들과 교리들이 평화를 위협하는지를 결정하고 그것들이 설교되는 것을 금지할 권리"를 갖는다(Hobbes, 1998b: 80). 그런 의미에서 국가는 "한 개인이 자신에 대해 가질 수 있는 그 어떤 권력보다 강력한 권력"이며 "절대적 권력"이다. 〈리바이어던〉에서도 홉스는 개인의 자유는 리바이어던 국가에서는 존재하지 않는다고 잘라 말한다. "자연권, 즉 인간의 자연적 자유는 시민법에 의해 축소되고 제약될 수 있다. 아니, 법을 제정하는 목적이 다름 아닌 그런 제한인 것이다. 그런 제한 없이는 어떠한 평화도 존재할 수 없기 때문이다."(Hobbes, 1998a: 177~178) 홉스는 권리(jus)란 법(lex)이 아니라고 말하며 권리는 자유를, 법은 자유의 금지를 의미한다고 본다. 개인의 자유란 '자유를 제약할 자유'를 말한다.

그럼에도 홉스의 이론이 개인의 자기보존에서 출발하는 논의 구조를 갖고 있다면 이를 자유주의적 맥락에서 이해할 수 있다는 논거는 레오 스트라우스를 비롯해 다양한 이론가들에 의해 지적됐다(Jaume, 2007: 200). 그러나 동시에 그의 자유주의적 개인들은 스스로 권리를 포기하고 자신들을 두려움에 떨게 만들 절대주권을 자발적으로 탄생시킨다. 우리는 이 역설을 어떻게 이해할까?

자발적 복종과 '자기통치'로서의 전제정치

이처럼 주권적 계약을 설명할 때 자유주의적이고 대의제적인 요소(자발적 계약, 원작자로서 다중과 대표자로서 주권자)를 차용한다는 점에서 홉스에 대한 이중적 해석이 가능해진다. 예컨대 그가 '제한된 통치권'을 주장하고 있어 민주주의에 근접하고 있다는 자유주의적 설명도 존재한다. 또 그는 군주정치의 옹호자이면서 한편으로 그의 이론에는 "이미 싹트기 시작한 민주정치의 거부할 수 없는 흐름"이 나타난다는 견해도 존재한다(김용환, 2005: 107). 뒤이어 자세히 보겠지만, 칼 슈미트의 경우처럼 홉스에게서 자유주의 국가를 정당화할 이론적 요소들이 발견되고 따라서 그는 자유주의 정치철학의 효시로 간주된다고 보는 관점도 존재한다.

그런데 홉스를 자유주의 내지 근대 개인주의의 선구자로 보았던 슈미트의 논지에 대해 반론도 가능하다. 슈미트와 달리 "그[홉스]는 오히려 극단적인 형태에서 자유주의적 개인주의가 전체주의와 하나의 체계를 이룰 수 있음을 극명히 보여준 선구자"였다고 평가하는 것이 가능하기 때문이다(남기호, 2015: 39~40).

이런 홉스의 이중성을 우리는 어떻게 이해할 수 있을까? 홉스에게서 자유주의적 요소들의 맹아가 발견된다는 것은 사실이다. 그럼에도 그에 따르면 주권자는 계약의 당사자가 아니고 계약에 직접 참여하지도 않았으므로 그 자신은 계약의 의무를 이행할 필요가 없다. 즉 주권자에게 계약 위반에 대한 책임을 묻거나 권력을 제약하는 것은 불가능하다. "주권자는 따라서 흥미로운 방식으로 동시에 국가의 내부와 외부에 존재한다."(Tralau, 2007: 73) 결국 홉스는 주권자의 무제약적, 절대적 권력을 정당화한다.

주권자에 대한 개인의 권리 양도가 갖는 구체적 함축은 〈리바이어던〉보다는 〈시민론〉에서 더 분명한 언어로 표현돼 있다. 홉스에 따르면 권리 양도와 주권적 권위의 탄생이 의미하는 바는 단순하다.

"그[개인]는 자신의 저항할 권리를 포기했다."(Hobbes, 1998b: 74) 홉스는 사상의 자유를 인정해서는 안 된다고 말한다. 즉 국가는 평화를 위협하는 주의들을 금지할 권리를 갖는다. 반면 주권자는 처벌받지 않는 절대권력을 보유한다.

"코먼웰스에서는 주권 권력, 즉 인간이 부여할 수 있는 가장 강력한 권력, 한 개인이 자신에 대해 가질 수 있는 그 어떤 권력보다 강력한 권력이 어딘가에 존재한다. 인간이 한 인간에게 양도할 수 있는 그 어떤 권력보다 강력한 권력을 우리는 절대적 권력이라 부른다." (Hobbes, 1998b: 82)

그렇다면 홉스의 이론에 나타나는 양극적인 요소, 즉 자유주의적 요소와 절대주권론 사이의 관계를 어떻게 이해할 수 있을까? 모순된 두 요소는 홉스에게서 다만 병렬적으로 공존하고 있을 뿐인가? 홉스는 자유주의적인 방식으로 개인의 '자발적 복종'을 이론화하고 이를 통해 '아래로부터의' 동의에 기원을 둔 절대적 통치권을 정당화했다. 즉 그의 이론에서 자유주의적 요소와 절대주권론은 서로 긴밀히 연결돼 있고, 통치 권력을 자유주의적으로 정당화하는 바로 그런 전략이 오히려 절대주권의 강력한 힘을 뒷받침하는 원천으로 작동한다.

홉스가 그려내는 신민의 모습은 외적 공포에 의해 강제적으로 복종하는 존재가 아니다. 그들은 '스스로 자유를 제약하는 인간'에 가깝다. 그런데 이는 인간의 자기보존 욕구의 필연적 귀결이다. "그들 자신에 대한 제약을 도입하는 (…) 인간의 궁극적 원인, 목적 또는 의도는 (…) 그들의 자기보존, 그리고 그에 따른 더욱 만족스러운 삶에 대한 기대다."(Hobbes, 1998a: 111) 그렇듯 자기보존에 대한 기대에 따라 개인은 자발적으로 자신들의 다양성을 제거하고 하나의 의지에 복종하는 통일적 인민으로 결집한다. "그런 공통의 권력을 수립하기 위한 유일한 방법은 (…) 그들의 모든 권력과 힘을 한 사람 또는 하나의 협의체에 부여하는 것이다. 이것은 목소리의 다양함으로 생겨나는 그들의 모든 의지를 하나의 의지로 환원한다."(Hobbes, 1998a: 114)

이렇듯 다중은 하나의 단일한 인민으로 결속된다. 그리고 다중의 다양성을 소멸하고 인민을 단일한 신체로 묶어내는 주권자에게 복종하는 신민이 된다. 그런데 그들은 자신의 자유를 스스로 포기해, 강력한 주권자의 힘에 공포를 느끼는 존재로 전락한다. "모든 정념 중에서 인간이 법을 거의 위반하지 못하게 하는 것은 공포다."(Hobbes, 1998a: 198)

공포의 정념을 동원해 정치적 질서를 유지하겠다는 홉스의 관점은 자유주의와는 철저히 동떨어진 비자유주의적 원칙으로 보인다. 그러나 실은 그렇지 않다. 그는 '자유를 극복할 자유'라는 역설적인 논리를 독자에게 제시하며 이를 공포심에 의해 매개된 자유로 설명한다.

"공포와 자유는 양립 가능하다. 배가 가라앉을 때 공포에 직면해 자신의 물건들을 바다에 던지는 사람은 그럼에도 불구하고 자진해 그 일을 하는 것이며, 그가 원할 경우 거부할 수도 있다. 따라서 그것은 자유로운 사람의 행동이다."(Hobbes, 1998a: 140)

그러므로 코먼웰스에서도 처벌의 두려움과 자유는 공존하고 양립 가능하다. 심지어 주권자가 신민에 대한 생사여탈권을 포함해 무제약적 권한을 행사하더라도 그것은 신민들의 자유와 양립 가능하다. 그 이유는 무엇인가? 주권자에게 그런 무제약적 권한을 부여한 것이 다름 아닌 신민들 자신이기 때문이다. 즉 "모든 신민은 주권자가 행하는 모든 행동의 원작자(author)"(Hobbes, 1998a: 141)이기 때문이다. 따라서 주권자의 모든 행위는 신민들 자신의 행위이며, 신민이 주권자의 행위가 부당하다고 말할 때 그것은 자기 스스로의 행위가 부당하다고 말하는 것이므로 형용모순이다(Menke, 2015: 74~75).

전제정치를 뜻하는 'autocracy'의 본래 의미는 스스로(autos) 통치한다(kratos)는 것이다. 즉 '스스로 통치한다'는 것은 오히려 전제정치를 의미할 수 있다. 신민이 곧 주권자의 원작자이므로 주권자에 대항할 수 없고 무조건적으로 복종해야 한다는 홉스의 논의 구조는 이런 전제정치 개념의 본래 의미에 부합하는 정당화 방식이다. 이것이 홉스가 드러내는 가장 강력한 형태의 지배 논리, 즉 인민 자신이 주권자와 한 몸을 이룰 때 그것이 곧 자신이 자기 스스로를 지배하는 자발적 전제정치의 출현을 뜻한다는 역설을 의미한다. 신민은 일종의 '자기규율'을 통해 그 스스로 자연권을 앗아갈 공포의 권력을 만드는 데 상호 동의하고, 따라서 그 스스로 자신들에 대한 지배를 의지하는 개인들은 코먼웰스의 성립으로 '자발적 복종'을 실현한다. 코먼웰스에서 공포와 복종은 '자유'와 '자발성'과 양립 가능하다.

이런 홉스의 논의 구조는 우리를 '통치성(governmentality)'이라는 문제의식으로 이끈다. 즉 그의 자유주의적 논증 구조와 절대주권의 정당화라는 귀결 사이에서 우리는 '자기규율'과 '자발적 복종'이라는 자유주의적 통치성의 맥락을 읽어낼 수 있고, 이를 "자유주의의 절대권력화 내지 정치화의 시도"(임미원, 2012: 295~296)로 이해할 수 있다. 〈안전, 영토, 인구〉와 〈생명관리정치의 탄생〉에서 푸코가 상술한 통치성이란 주권자 없는 지배 방식인데, 여기서 중요한 것은 봉건적 군림과 지배를 넘어서는 인구 관리와 그것을 통한 내치를 통해 권력이 작동하는 새로운 방식이다. 특히 푸코는 자유주의 통치성을 강조해, 어떻게 위계적 권력에 의한 감시뿐 아니라 개인의 '자기통치'와 '자기규율'도 근대적 통치성의 핵심이 되는지를 논증하려고 했다.

푸코는 "통치와 군림의 이 역전, 통치가 본래 주권이나 군림이나 황제권보다 더 근대적인 정치의 문제였다는 사실"(푸코, 2011: 124)을 강조하고, "통치성이 16세기 말과 17~18세기에 정치의 영역으로 들어온 것이 근대국가의 시작을 알리는 신호"(푸코, 2011: 231)가 됐다고 주장한다. 또 그는 통치성을 "인간의 품행을 인도하는 방식"이라 하며 "권력의 이런 관계들을 분석하기 위해 제안된 분석의 격자"로 제시한다(푸코, 2012: 264). 마찬가지로 홉스가 제시하는 사회계약과 절대주권의 창출 과정은 일종의 복종, 그러나 외적 강제에 의한 것이 아니라 합리적 판단과 결합된 내적인 정념으로부터 자발적으로 도출된 복종이라는 점에서 새로운 품행의 탄생을 보여준다.

홉스를 읽는 호르크하이머와 아도르노 : 자기보존과 자기부정 사이

지금까지 보았듯 〈리바이어던〉에서 홉스가 묘사하는 자연상태에서의 인간은 단순히 비합리적 존재가 아니다. 오히려 자연상태에서 자신의 생명을 유지하기 위한 가장 합리적인 방안이 바로 전면적인 선제공격이라고 판단한다. 주관적이고 개인적인 최고의 합리성('예방적 선제공격을 통한 자기보존')은 객관적이고 집단적인 수준에서는 최고의 비합리적 결과('모든 개인의 자기보존 실패')를 산출한다. 즉 개인이 자연상태에서 합리적 방식으로 자기보존을 추구할수록 거꾸로 그에게 닥치는 생존 위협은 더욱 커지게 된다. 일종의 '합리성의 역설'이다.

이런 합리성의 역설은 현대사회가 직면한 근본적 문제 중 하나다. 호르크하이머와 아도르노 역시 자기보존과 합리성의 관계라는 문제를 통해 (자유주의적) 계몽을 추구한 서구 근대성이 어떻게 (전체주의적) 야만으로 귀결됐는지를 분석하려 했다. 즉 계몽적 '합리성'의 특정한 측면이 낳는 '비합리적' 정치적 귀결을 고려하는 것이 둘의 의도라고 할 수 있다. 앞에서 자기보존의 원리에서 기인하는 홉스의 주권 이론이 주권자의 절대권력을 정당화하는 역설을 살펴보았다면, 이제 그 역설을 호르크하이머와 아도르노가 말한 계몽적 자기보존의 실패와 이성의 수단화의 맥락에서 재구성해보자.

"초기 시민사회의 어두운 작가들": 이성의 도구화에 대한 예찬

아렌트가 지적하듯 홉스의 국가론은 '부르주아적 개인'을 중심으로 한 근대 세계의 두 얼굴에 대한 이론적 표현이다. 아렌트는 홉스가 말한 만인의 만인에 대한 투쟁이 '자유주의적 개인'이 살아가는 현대사회에서 반복적으로 발생하고 있다고 지적하며 그로부터 일종의 '전체주의의 기원'을 읽어내려고 한다. 그녀는 홉스에게서 자기보존의 이기주의가 사회 성립의 토대로 제시된다는 사실로부터 현대성이 드러내는 비극의 씨앗을 발견한다. "홉스의 출발점은 부상하는 부르주아 계급이 만든 새로운 사회 체제의 정치 욕구에 대한 탁월한 통찰이다."(아렌트, 2017: 295)

근대인들의 "계몽된 이기심"(아렌트, 2017: 300)은 자기파괴적인 결과로 이어진다. '자기중심적인 슬픔'이 개인적 고립 속에서 반복되는 가운데 집단적 유대나 결속을 상실한 개인들이 등장한다. 그런 자기중심성은 자기보존 본능의 약화와 함께 발생하는 현상이다. 따라서 개인들은 주체적 의식을 상실하고 전체주의 운동에 예속되는 대중으로 거듭난다. 원자화되고 고립된 부르주아 사회의 개인들은 홉스적 자연상태와 같은 사회적 삶을 영위한다. 사회적 유대 관계를 상실한 익명의 고립된 개인들은 전체주의 대중 운동의 주체가 되고 때로는 폭민(mob)이 되어 사회에 대한 원한 감정을 폭력적으로 해소하기도 한다.

호르크하이머와 아도르노의 〈계몽의 변증법〉(1947)은 이와 같은 '홉스적 개인과 전체주의의 상관관계'에 대한 아렌트의 문제의식을 선취하고 있다(Jean, 2019: 343). 다만 호르크하이머와 아도르노는 그 문제를 자기보존과 합리성의 관계에서부터 추적한다. 또 그를 설명하기 위한 문제 설정은 자기보존의 원칙과 결부된 '이성의 수단화'에서 발견한다.

이런 문제의식은 〈계몽의 변증법〉을 쓰기 이전의 호르크하이머에게서도 나타난다. 〈이성과 자기보존〉(1942)에서 그는 이성의 이름으로 선언된 근대적 자유의 원칙은 제한적이라고 지적한다. 그 이유는 이성과 자기보존의 결합에 있다. 사회적 체계와 질서에 부합하기 위해, 개인의 순응을 위해 사유 '절약'이 더욱 효율적으로 되면서, 아리스토텔레스 이래 사유의 기관(Organon)이 돼온 이성은 이제 사유 자체의 제한을 초래하게 됐다. 부르주아 사회에서는 이성이 대상의 다수성과 카오스로부터 획일성을 도출하는 관료기계의 기능을 수행한다. 그런 맥락에서 호르크하이머는 자기보존으로부터 국가의 발생을 도출하는 홉스의 사회계약론이 "모순된 형태 속에서 복종의 합리적 정당화"를 추구한다고 서술한다(Horkheimer, 1967: 90).

이와 유사하게 아도르노는 프랑크푸르트 대학 1964/1965년 겨울학기 중 행한 '역사와 자유의 이론에 관하여'라는 제목의 강의에서 현대사회에서 자유가 실현되지 않는 근본적 이유 중 하나로 자유가 자기보존으로 축소된 것을 제시한다(Adorno, 2006: 9). 촘촘한 사회적 망 속에서 개별자의 자유는 질식되고, 집중과 관리 속에서 개인은 정해진 사회적 구조에 순응하는 방법을 체득한다. 자기보존의 체계 속에서 개인은 '기능'으로 전락한다. 자기보존으로 축소된 자유는 실제로는 그런 기능 연관의 체계 속에서 실현되지 못한다.

두 저자가 공저한 〈계몽의 변증법〉에서 중심적 주제로 부각되는 것은 이성 및 합리성과 자기보존의 관계가 어떤 현실적 귀결을 수행하느냐는 것이다. 특히 현대 시민(부르주아) 사회의 등장과 그에 따른 시장경제와 경제적 합리성의 보편화는 전근대적 비합리성을 대체하는 이성 원칙이 확대되는 사건이지만, 동시에 이성이 이기적인 경제적 이익 극대화의 논리에 종속되는 핵심 원인이기도 하다. "고삐 풀린 시장경제는 이성의 현실적 형태이자 동시에 이성을 파괴하는 권력이었다."(Adorno, Horkheimer, 2003: 109) 이성이 자기보존이라는 목적을 위해 전략적 수단의 기능을 맡고 있는 현대사회는 홉스적 자연상태와 닮았다. 자연상태에서 만인이 만인에 대해 물리적 폭력을 행사한다면, 현대 부르주아 사회에서 개인들은 경제적 이윤 추구를 둘러싸고 타인과 무한 경쟁에 돌입한다. 합리성이란 그런 경쟁에서 승리하기 위해 최소한의 자원 투하로 최대한의 이익을 얻는 전략을 도출하려는 계산적 능력을 의미한다.

초기 부르주아 사회를 대표하는 사상가들은 자기보존을 핵심 원리로 내세웠다. 종교적, 봉건적, 중세적 기반 위에 세워진 사회적 유대 관계와 그를 뒷받침하던 형이상학적 세계관이 해체되고 원자화된 개인의 시장에 무한 경쟁이라는 새로운 원리가 도입되던 시기, 개인의 자기보존 원칙은 인간의 가장 기초적인 본성으로 간주되고 인간의 모든 행동과 관념 역시 그로부터 파생하는 것으로 이해됐다. 〈계몽의 변증법〉에서 홉스는 그런 계몽적 근대를 시대적으로 고찰하는 중에 등장한다. 아도르노와 호르크하이머는 마키아벨리와 홉스, 맨더빌을 "초기 시민사회의 어두운 작가들"(Adorno, Horkheimer, 2003: 109)로 부르며, 그들이 개인의 가장 근본적 행위 원칙으로서 이기심을 발견하고 그에 따라 사회를 파괴적 원칙으로 규정했다고 말한다. 즉 그들은 '조화'의 관념을 비판하며 부르주아 사회가 지닌 해체와 분열의 원리를 인식했다. 그런 의미에서 '어두운 작가들'은 부르주아 사회에서 이뤄질 '예정 조화'의 신봉자들인 애덤 스미스, 장바티스트 세, 데이비드 리카도와 구분된다. 그 경제학자들과 달리 '어두운 작가들'은 예정 조화와는 완전히 다른 관점에서 새로운 근대성을 예찬한다. 즉 부르주아 사회질서의 총체성을 보편과 특수, 사회와 자아의 대립을 삼켜버릴 공포(Grauen)로 찬양한다.

결국 홉스 같은 초기 시민사회의 '어두운 작가들'이 드러내는 진리는, 이제 이기적 자기보존의 원리에 따라 등장하는 부르주아 사회가 지닌 내적 부정성, 즉 사회적 관계가 동시에 관계 해체를 동반하는 방식으로 이뤄진다는 모순이다.

자기보존의 역설과 자기부정

앞서 보았듯 홉스에게서 주권자의 초월적 권력은 인민에게 외적으로 강요되는 것이 아니다. 각 개인의 자발적 동의를 통해 체결되는 사회계약은 그런 주권자의 권한을 '승인'한다. 그리고 그에 따라 다양한 개인들로 이뤄진 다중은 단일한 인민의 통일체로 결집하고 국가 리바이어던의 신체를 이룬다.

이런 홉스의 논의, 즉 '다중에서 인민으로'라는 정식은 실질적으로는 주권 권력이 작동하는 중에 인민이 배제되는 결과를 초래한다. 인민이 곧 주권자에게 권한을 부여(authorisation)하는 원작자(author)라는 문제 설정, 곧 정치적 대의와 대표, 재현의 문제를 통해 군주의 권력을 설명하려는 홉스의 전략은 "대표를 통해 인민/대중의 단일성을 추구함으로써 나타나게 되는 대중들의 차이의 소멸", 곧 "단일성을 위한 타자의 소멸"로 이어지고, 이는 실제로 "역사적으로 국민적 동일성(identity)의 추구로 구체화"된 바 있음을 우리는 역사적 경험을 통해 알고 있다(홍태영, 2018: 62).

실제로 우리는 '시민 개별적 존재의 소멸과 국가 전체로의 흡수'라는 논의 구조를 홉스에게서 발견할 수 있다. 인간의 언어를 설명하는 〈리바이어던〉 4장에서 그는 고유명사(proper noun)와 일반명사(common noun)의 차이를 설명하며 그 차이를 고유명사의 개체성과 일반명사의 보편성 간의 대립으로 제시한다(Hobbes, 1998a: 22). 그런 설명에 따라 그가 상정하는 사회계약은 개인이 고유명사로서의 개체성을 상실하고 일반명사의 보편성으로 이행하는 것을 뜻한다. 그가 직접 제작에 개입한 표지 삽화에서 리바이어던의 신체를 이루는 신민들이 자신의 얼굴을 숨기고 군주의 얼굴을 향해 고개를 돌린 모습으로 그려진 것도 그런 사고를 드러낸다. 얼굴이 상징하는 고유성의 상실이야말로 주권자에 의해 결속된 '단일한 인민'의 표상에 부합한다.

고유명사에서 일반명사로의 이행과 그를 통한 개체성 상실이라는 주제는 아도르노와 호르크하이머가 〈계몽의 변증법〉에서 인용하는 호메로스의 서사시 〈오디세이아〉의 폴리페모스의 일화를 연상시킨다(Adorno, Horkheimer, 2003: 86). 그 에피소드에서 외눈박이 괴물 폴리페모스에게 잡힌 오디세우스는 포도주를 선물한 뒤 기분이 좋아져 '네 이름이 뭐냐?'고 묻는 그에게 '내 이름은 아무도 아니다(Udeis)'라고 대답한다. 이후 잠든 사이 오디세우스가 눈을 찌르고 달아날 때 폴리페모스는 키클롭스 동료들에게 '아무도 아닌 자를 잡아라(아무도 잡지 말라)'고 소리친다. 그들이 당황하는 틈을 타 오디세우스는 무사히 빠져나올 수 있었다.

고대 서사시에 등장하는 이 일화는 자기보존을 위해 자기부정을 하며 살아야 하는 현대사회의 주체들에 대한 알레고리로 해석될 수 있다. 자기보존은 자아와 개체성이 형성될 때 함께 탄생하는 철저히 개별적인 원칙이다. 그러나 자기보존 원칙을 달성하기 위한 이성의 책략은 자아와 개체성의 포기를 향해 나아간다. 마치 니체에게서 도덕이 금욕의 내면화와 자기부정, 가책의 사유를 도입함으로써 이뤄지듯이, 또 프로이트에게서 문명이 자연적 본능을 포기하고 금기를 도입함으로써 이뤄지듯이, 홉스에게서 리바이어던의 성립 역시 개체적 자유의 포기와 처벌에 대한 공포를 통해 가능한 것이다.

아도르노와 호르크하이머는 이것이 현대 부르주아 사회 전반의 논리라고 말한다. 노동을 통해 부와 이익을 창출하는 자본주의 경제 논리는 개인들에게 더 많은 이익을 위해 더 많은 노동과 희생을 할 것을 요구한다. 이는 더 많은 자기보존을 요구할수록 더 많은 개별자의 자기소외, 자기포기가 나타난다는 역설로 이어진다(Adorno, Horkheimer, 2003: 47). 그런 논리에서는 결국 개인이 자기 스스로를 규제하며 자기통치와 자기규율의 메커니즘으로 귀결되는, 자기보존과 자연지배 사이의 상호 얽힘이 드러난다.

주체의 자기보존은 외적 자연(außermenschliche Natur)에 대한 지배를 요청한다. 타자인 자연의 비합리적 힘에 의해 지배되지 않기 위해, 주체는 그 자연의 힘을 극복하고 제압하려 시도한다. 주체는 그를 위해 자신의 내적 자연(Natur im Menschen)을 부정하고 자신을 철저히 자연보다 우위에 있는 존재로 고양한다(Adorno, Horkheimer, 2003: 72). 즉 주체는 자기 안에 있는 자연적 요소들, 곧 자연적 본성과 성향, 육체적 감각과 충동을 정신의 합리적 지배에 복종시키고 자신을 철저히 '이성적' 존재로 규정한다.

그런데 이렇듯 자기보존을 이유로 수행하는 외적 자연에 대한 지배가 결국 내적 자연에 대한 지배로 귀결되면서, 인간은 내적 자연이 소실된 채 '자아의 선험적 통일성'이라는 합리주의적 추상으로 환원될 뿐이다. 즉 그런 자아의 통일성은 주체 자신의 자연적 삶과 욕구, 충동, 경험을 거세함으로써 달성된다. 그처럼 주체적 자기보존이 인간 문명의 발전을 지속해왔지만 궁극적으로 실패에 이르게 되는 역사적 과정에 대한 분석을 아도르노와 호르크하이머는 "주체성의 근원사"(Adorno, Horkheimer, 2003: 72)라고 부른다. 주체성의 근원사는 따라서 주체성의 소외의 역사와 다를 바 없다. 그것은 자기보존을 위해 자기부정을 해야 하는 주체의 현주소에 대한 반성에서 나온 개념이다.

이성이 도구화돼 맹목적인 자기보존을 위해 봉사하는 상황에서 주체는 반성적 합리성을 상실하고 오로지 도구화된 합리성만을 내면화한다. 우리는 자신을 희생제의에 바치는 영웅의 모습에서 그 원형을 발견할 수 있다. "문명사는 희생을 내면화한 역사다. 다른 말로 하면 체념의 역사인 것이다"(Adorno, Horkheimer, 2003: 72)라고 아도르노와 호르크하이머는 말한다. 주체의 자기보존이 결국 자기 자신의 체념을 통해서만 달성된다는 역설은 '자기보존을 위해 공포에 복종하는' 홉스적 개인들의 모습과 닮아 있다.

홉스적 주체: 현대사회에서 자기보존의 자기파괴적 귀결

그렇다면 우리는 이런 진단과 함께 어떠한 대안적 사유를 필요로 하는가? 〈계몽의 변증법〉의 저자들은 "자기보존은 자유로운 경제에서 해방돼야 할 것"이라고 말한다(Adorno, Horkheimer, 2003: 109). 이는 무한 경쟁 토대의 사회적 원리를 넘어서는 대안적 경제체제뿐 아니라 대안적 자기보존(자기보존의 해방)까지 사유할 필요가 있다는 말로 해석된다.

〈계몽의 변증법〉 저자들의 관점에서 보면, 홉스는 결국 자기보존을 위한 이성의 수단화에서 자기 스스로를 '복종하는 주체'로 만들어 냄으로써 애초의 자기보존이라는 목표를 결정적으로 무효화하는 역설적 변증법을 우리에게 제시한다고 말할 수 있다. 즉 자기보존이 외적, 내적 자연지배의 동일성 논리로 귀결되는 한 그런 자기보존은 자기 자신에 대한 체념과 희생을 낳는 역설을 피해갈 수 없다. 그런데 그런 악순환은 현대 부르주아 사회가 자연상태의 사회적 연장으로 이해되는 한 불가피하다. 즉 자연상태에서의 '물리적(자연적)' 생존이라는 의미로 이해되는 홉스적 자기보존은 오늘날 무한 경쟁에서의 '사회적' 생존의 원칙이기도 하며, 그런 의미에서 부르주아 사회는 자연 관계를 영속화하는 효과를 내고 있다. 결국 홉스가 바라보는 인간, 홉스적 주체는 '계몽의 변증법'에 빠진다. 생존이라는 의미의 자기보존은 왜곡된 형태로, 자기부정을 매개로 해서만 달성된다.

자연권을 양도하고 리바이어던에 자발적으로 복종하는 주체에 대한 관념은 자기보존을 맹목적인 생존 원칙으로 축소해 이해하는 사고의 귀결이다. 사실 자기보존에 대한 그런 이해 방식은 현대 부르주아 사회가 등장하며 나온 자연스런 현상이기도 하다. 그렇다면 우리는 어떠한 대안적 자기보존, 자기보존의 해방을 사유할 수 있을까? 자기보존을 맹목적인 생존으로 이해하지 않고 창의적·창조적이고 개성적인 삶의 형태를 포괄하는 개인적 삶의 자발적 역량을 실현하는 데서 그 의미를 찾는다면, 우리는 그런 자기보존을 가능케 해줄 새로운 공동체적 관계를 고찰할 필요를 느낀다. 홉스가 아니라 스피노자의 자기보존 개념은 그 범례를 제공한다.

물론 아도르노와 호르크하이머는 스피노자의 자기보존 개념을 오인해 스피노자와 홉스 간 자기보존 개념의 차이를 이해하지 못했다. 그래서 아도르노는 이렇게 말한다. "스피노자의 자기보존(sese conservare)은 모든 살아 있는 것의 참된 자연법칙이다. 그것은 동일성에 대한 동어반복을 내용으로 갖고 있다."(Adorno, 2003: 342) (헤겔의 스피노자주의 비판을 차용한) 이런 논의에 따르면 스피노자적인 자기보존은 허위의식이다. 그러나 필자가 보기에 스피노자의 자기보존 개념은 외적 자연과 내적 자연에 대한 단순한 억압과 지배가 아니라, 공동체를 구성하거나 해체하는 양면성을 갖는 인간의 자연적 욕구가 어떻게 바람직하게 실현될 수 있는지를 묻는 물음 속에서 이해돼야 한다. 그런 맥락에서 스피노자적 고민은 오히려 자연적 충동 내지 미메시스가(그 자체로는 지배적 충동으로도, 해방적인 힘으로도 전화될 수 있는 양면성을 갖지만) 어떠한 조건에서 바람직한 사회적 유대 관계를 위한 조건이 될 수 있는지를 탐구하는 아도르노의 이론적 관심과 친화성을 갖는다.

스피노자는 홉스를 포함한 모든 형태의 정치적, 신학적 '초월성'의 가상을 기각하고 인간의 권리와 통치 등을 내재적 역량의 문제로 이해한다. 정치 공동체의 존재 이유는 각 개인이 "역량으로서 자신의 권리를 실천"하는 것을 목표로 삼는다(몬탁, 2019: 120). 그런 의미의 자기보존은 권리 양도와 자기부정이 아니라 자기 자신에 대한 긍정과 사랑, 그리고 덕 있는 삶을 통해 자기 역량의 강화를 추구하는 윤리적 목표를 말한다. 그리고 그렇게 이해된 이성은 생존 본능을 위한 전략적, 수단적 사유 방식이 아니라 자유로운 삶 속에서 자신의 역량을 발휘하기 위한 성찰의 힘을 의미할 것이다. 따라서 그런 맥락에서 "이성적 자기보존"(정진범, 2017b: 201)에 대한 새로운 정의가 필요하다.

신자유주의와 신권위주의

지금까지 우리는 절대권력으로의 자발적 복종이라는 홉스적 논리의 역설을 살펴보며 이를 〈계몽의 변증법〉에 등장하는, 현대적 자기보존 원칙에 대한 비판과 연결했다. 물론 홉스와 현대적 자기보존 원리에 대한 〈계몽의 변증법〉 저자들의 비판에는 자기보존적 주체의 원리 내에 타자와의 상호 관계에 대한 전망 역시 내재한다는 긍정적 관점이 빠져 있다고 비판할 수도 있다(정미라, 2011: 153~174). 그러나 자기보존 원리가 갖는 자기파괴적 성격을 규명하지 않으면 대안적 형태의 자기보존과 자기실현, 그리고 그런 토대 위에 구축되는 '도래할' 공동체를 말할 수 없다는 것 역시 분명하다.

자유주의적 방법과 절대주권으로의 결론이라는 홉스의 이중성은 오늘날 현실을 읽는 일종의 알레고리로 작동한다. 모든 신민이 군주의 신체를 이뤄 군주의 눈을 쳐다보는 〈리바이어던〉의 표지 삽화처럼 개인은 개체성 상실을 경험하고 정치적 공동체는 ('부재하는 인민'을 나타내는) '텅 빈 도시'로 전락한다. 결국 개인의 자기보존은 복종을 통해, 자기부정을 통해 달성된다는 홉스의 역설은 '계몽의 변증법'이라는 논리, 즉 자기보존을 위해 수단화된 합리성 속에서 인간 역시 지배의 수단으로 전락한다는 아도르노와 호르크하이머의 시대 진단을 실증하는 것처럼 보인다. 그리고 오늘날 현대사회는 그런 홉스의 역설에서 벗어나지 못하고 있다.

맥퍼슨의 다음과 같은 주장은 오늘날에도 현실적인 교훈을 준다. "홉스적 개인주의의 역설, 즉 평등한 합리적 인간에서 출발해서 그들은 자신들 외부의 어떤 힘에 완전히 복속돼야 한다는 주장에 이르는 그의 개인주의의 역설은 그 자신의 이론적 역설이 아니라 시장사회의 역설이다."(맥퍼슨, 1991: 151).

오늘날 시장사회의 극단화한 형태인 신자유주주의는 일종의 '자유주의를 배반하는 자유주의'라는 역설을 드러낸다. 앞서 살펴보았듯 신자유주의적 현대사회에서 모나드적 원자화에 파묻혀 살아가는 고립된 개인들의 무한 경쟁은 홉스적 자연상태의 사회적 연장이라 할 수 있다. 타자에 대한 혐오와 갑질, 무관심, 공감 능력 부재 등 현상은 무한 경쟁이라는 이름의 '만인의 만인에 대한 (사회적) 투쟁'이 낳은 결과다. 그 지독한 경쟁에서 배제된 자들이 새로운 공동체를 열망하는 것은 당연한 일이라 할 수 있다.

그런데 그런 열망은 대안적 정치체제에 대한 요구가 아니라 민족주의에 기반을 둔 새로운 권위주의적 지배의 등장으로 귀결되고 있다. 그리고 그런 지배를 자발적으로 요청하는 대중운동이 출현하는 중에 (아직 '전체주의'라고 온전히 규정할 수는 없으나) 과거 전체주의 대중운동과 유사한 신권위주의 포퓰리즘이 등장한다. 그리고 그들은 국가 주권의 강화를 요구한다. 새로운 형태의 '절대주권'에 대한 요구는 결국 개인의 자기보존을 지상의 과제이자 목표로 인식하는 '홉스적 근대인'이 도달하는 필연적 귀결인 것이다.

홉스 이래 근대 주권 개념에 내재한 어떤 '전체주의적' 요소를 발견하지 못한다면, 그에 대한 해독제를 발견하지 못한다면, 오늘날 신권위주의와 절대주권으로 가는 회귀를 경험하고 있는 우리는 근대 주권 개념을 폐기하거나, 아니면 근대 주권의 전체주의적 경향을 인정할 수밖에 없다. 그런데 전자는 비정치적, 공상적 해법일 뿐이고 후자는 정당화될 수 없는 해법에 해당한다. 그렇다면 우리에게 남은 선택지는 주권 개념을 재구성하는 일뿐이다. 그리고 이는 홉스의 주권 개념과 결부된 '자기보존' 개념을 재사유하고, 해방적 자기보존과 그에 따른 대안적 사회 모델에 대한 이론적이고 실천적인 관심을 불러

일으킬 것을 요구한다.

홉스를 읽는 슈미트: 자유주의자 홉스?

홉스의 역설을 읽는 또 다른 정치적 독자는 법학자 칼 슈미트다. 잘 알려져 있다시피 슈미트는 예외상태를 결정하는 주권자의 신적, 초월적 역량을 강조하는 정치신학에 기반을 두고 적에 대한 투쟁 속에서 정치 공동체의 통일을 꾀했다. 그리고 현실에서 그런 슈미트의 사유는 나치즘 지지와 나치당 가입으로 이어졌다.

슈미트는 1933년 5월 1일 나치에 가입한다. 그러나 1936년 나치 친위대의 기관지 〈검은 군단(Das schwarze Korps)〉으로부터 가차 없는 비판을 받은 뒤 프로이센 추밀원이라는 한직으로 밀려나게 된다. 그런 맥락에서 1938년에 나온 그의 홉스 비판은 동시에 자신의 정치적 실패에 대한 진단이자 "스스로의 정치적 전망과 기획이 실패했음에 대한 음울한 고백"(김항, 2018: 21)으로 읽힐 수 있다.

1933년부터 1936년까지 슈미트는 바이마르공화국 헌법은 외국으로부터 강요된 것이고 국가에 대한 다원주의의 승리라고 비방하며

제3제국에 새 헌법을 도입해야 한다고 주장했다. 이를 수행하기 위해 그는 (사회적 활동 영역의 총체성을 통제하거나 정치화하려는) '총체적 국가' 개념, 그리고 부동의 정신적 동일성과 '낡은' 유럽 대륙의 재조직화라는 제국의 과제를 통해 인민의 구성 권력에 의해 역사적으로 주어진 '구체적 법질서' 개념을 종합하려고 시도했다.

즉 슈미트는 위로부터의 '프로이센적' 요소와 아래로부터의 민족적-인민적 혁명을 결합하려 한 것인데, 그가 보기에 제3제국의 제도화 상황은 두 요소 사이에 정치적 매개를 제공하는 게 아니라 둘의 간극을 결정적으로 확대하고 있었다. 나치당 내에 다원주의가 퍼져 경쟁하는 당파들 간에 갈등이 벌어지고 무질서가 커지면서 그 자신이 정치적 싸움의 희생자가 된 것이다. 그런 상황에서 헌법 제정이라는 그의 과제에 대해 당은 무관심으로 일관했고, 히틀러 본인도 '법적 정당성과 합법성'이라는 법적 쟁점에서 어느 한쪽을 택하기를 거부하며 차라리 '헌법의 수호자' 또는 새로운 질서의 '호국경'이 되려고 했다.

그런 위기 상황에서 그는 다시 홉스를 읽었다. 그러나 그는 홉스를 넘어서려고 했다. 이를 위한 그의 전략은 홉스에게서 국가가 수립되면서 억제되는 것으로 묘사되는 내전을 부활하는 것이었다. 홉스의 독자로서 슈미트는 홉스를 근대적 의미의 '개인적 자유'라는 판도라의 상자를 열어 사회를 상시적 내전의 혼란에 빠뜨린 인물로 저주한다. 물론 우리는 그런 슈미트의 홉스 해석이 '과장'임을 알고 있다.

그러나 문제는 그렇게 단순치 않다. 슈미트의 '과장된' 홉스 독해는 슈미트가 봉착한 난관에 대한 '징후'를 보여주는바, 그 징후에서 우리는 슈미트의 이론을 넘어, 혹은 슈미트를 거꾸로 독해함으로써 현대 정치의 상황을 좀 더 구체적으로 이해할 수 있다. 특히 우리는 민주주의 정치를 적대와 경합의 과정으로 이해해 민주주의 제도들의 민주화를 요청하는 급진민주주의 정치가 그런 슈미트의 홉스 독해에서 나타나는 징후들을 어떻게 포착해 자기 이해의 심화에 적용할 수 있을지 검토할 것이다.

내전 억지자로서 국가

1937년의 논문 '홉스와 데카르트에게서 메커니즘으로서의 국가'에서 슈미트는 영국인 홉스와 프랑스인 데카르트의 차이를 묘사한다. 영국인 홉스는 '자연상태'라는 개념으로 내전을 표현하는데 이는 당시 내전 중이던 영국의 경험을 나타내는 것이다. 반면 데카르트에게는 자연상태 개념이 없고 처음부터 '국가'가 등장하는데 이는 그가 안정된 상태에 있던 대륙의 철학자였기 때문이다. 그 차이는 국가에 대한 수사에서도 드러난다. 홉스가 신화적, 악마적 이미지를 자주 차용하는 반면 데카르트는 국가를 한 건축가에 의해 완성된 조화로운 형상으로 묘사한다. 홉스에게 국가는 자동기계(automaton)이고 따라서 괴물이지만 데카르트에게 국가는 창조주의 명령에 순종하는 단순한 기계장치(machina)일 따름이다.

이처럼 "홉스의 국가 구성의 출발점은 자연상태의 공포이고, 목표이자 최종 지점은 시민적, 국가적 상태의 안전이었다"(Schmitt, 1937: 622)고 슈미트는 진단한다. 평온과 안전, 질서 등 치안(Polizei)의 존재가 시민을 자연상태로부터 보호한다. 그런 관점에서 근대 경찰과 근대 국가는 동시에 발생한 것이다. 이는 국가 주권의 초월성에 대한 관념으로 연결된다. 그런 맥락에서 볼 때 사회계약은 각 개인 간 합의이지만, 슈미트가 보기에 홉스식 계약은 '사회'계약일 뿐 그 자체로 '국가'계약은 아니다. 국가는 합의를 계기로 생겨나기는 하지만 그 자체로 합의의 산물인 것은 아니다. 왜냐하면 홉스가 국가에 부여하는 권능은 각 개인들이 맺은 집합적 힘을 능가하기 때문이다. 따라서 국가는 그 계약을 초월하는 힘이며 그런 의미에서 신이다. 홉스에게서 기계적인 국가 관념과 신이라는 관념은 상호 모순되지 않는다.

그럼에도 슈미트는 홉스 국가론이 새로운 전체주의적 국가의 통일성과 총체성을 표현하지 못한다고 비판한다. 기계로서의 신은 전체성을 표현하지 못하고 헤겔이 말하는 유한한 무한성(endliche Unendlichkeit)이 될 수 없다. 홉스의 신은 필멸하는 신(deus mortalis)인데, 여기서 홉스 이론 구성의 양면성이 드러난다. 거대한 기계장치이자 신으로서 리바이어던은 불멸의 신이 아니라 필멸의 신, 유한한 존재다. 그로부터 그것이 언젠가 내전이나 반란에 의해 파괴되리라는 점이 암시된다고 지적한다. 즉 홉스의 리바이어던은 베헤모스와의 관계에서 이해돼야 하고 언젠가 그 내전 중에 반란자들에게 살해될 수 있는 존재로 그려진다는 것이다.

이런 슈미트의 비판적 홉스 독해는 이듬해 출간되는 책 〈홉스 국가론에서 리바이어던〉에서도 이어진다. 그는 홉스의 국가를 내전의 억제자로 묘사한다. 바다의 괴물인 리바이어던은 베헤모스, 즉 자연상태로의 회귀를 초래할 혁명적인 힘을 억누르는 존재다. 그러나 양자, 즉 억제자로서 국가와 "자연상태의 혁명적 아나키의 힘"은 동시에 공존한다. 국가는 "거대한 힘으로 지속적으로 억제되는 내전"이다(Schmitt, 2015: 34).

국가 내지 주권자를 신에 비유하는 것 역시 그런 맥락에서 이해될 수 있다. "홉스에게서 신은 무엇보다도 힘(poestas)이다. (…) 주권자는 신에 의한 평화의 수호자(Defensor Pacis)가 아니다. 주권자는 다름 아닌 현세적 평화의 창조자(Creator Pacis)다."(Schmitt, 2015: 50) 홉스의 논증은 신으로부터 현세의 법을 정당화하는 중세적 정치신학과는 다르다. 거꾸로 국가권력은 전능하기 때문에 신적인 성격을 갖는다. 즉 국가권력의 전능함은 신으로부터 유래한 것이 아니다. 그것은 인간의 작품이며 인간이 체결한 계약에 의해 완성된다. 그런 맥락에서 국가는 동시에 기계라는 특징을 갖는다.

국가기계와 중립화: 관용적 국가

슈미트는 18세기에는 칸트 이후 기계와 유기체에 대한 철학적 구분이 철저히 이뤄진다고 주장한다. 예컨대 셸링은 기계와 예술작품을 구분하고 독일관념론 전반에 걸쳐 기계와 유기체의 구분은 상식적인 것으로 받아들여진다. 반면 17세기의 홉스에게 국가는 기계이자 유기체이자 예술작품이다. 중요한 사실은 그렇게 기계와 유기체를 구분하지 않고 국가를 유기체이자 동시에 기계의 표상으로 제시하는 홉스의 전략은 국가에 대한 기술적인 관념을 낳고 그것이 이후 국가의 중립화 및 도구화에 결정적인 영향을 미치게 된다는 데에 있다. 오늘날 대도시 주민들의 표상은 국가는 곧 하나의 "기술적 장치(Apparat)"(Schmitt, 2015: 62)라는 것이다. 그 점에서는 서로 견원지간인 자유주의자와 볼셰비키주의 맑스주의자가 일치를 본다. "국가를 상이한 종류의 정치적 힘들이 기술적-중립적 도구로 이용하는 하나의 장치로 간주한다는 점에서는 서구 자유민주주의는 볼셰비즘적 맑스주의와 일치한다."(Schmitt, 2015: 63)

실제로 17세기 이래 국가의 중립화 과정이 이뤄지고 그것은 보편화된 국가의 기술화에서 정점에 달한다. 이런 홉스적인 중립화의 식접적인 효과는 관용 정책에서 드러난다. 중립적이고 관용적인 도구로서 국가라는 표상은 19세기 실증주의에도 영향을 미치는데, 국가를 "기술적으로 완결된, 인간에 의해 창조된 인공적 거인(magnum artificium)으로, 자신의 권리와 진리를 오로지 자기 안에서, 즉 업무와 기능 속에서 발견하는 기계로" 바라보는 사고는 홉스에게서 최초로 체계적인 형태로 나타난다(Schmitt, 2015: 70).

물론 슈미트는 홉스에게 다른 측면이 있음을 간과하지 않는다. 즉 그가 매료됐던, 진리가 아니라 권위가(auctoritas non veritas) 법을 만든다는 결단주의적 주권 이론의 선구자로서 홉스 역시 존재한다. 이는 기적(Wunder)과 관련해서도 마찬가지로 사실이다. 홉스 자신은 불가지론자로서 기적의 실재 여부에 관심이 없었다. 그가 관심을 가진 것은 오히려 기적에 대한 믿음을 강요하는 국가의 초월성이었다. 만일 어떤 사적 개인이 빵과 포도주가 육신과 피로 성체 변환한다고 주장한다면 우리가 그것을 믿을 근거는 없다. "그러나 국가권력이 그것을 믿으라고 명령하면 그것은 기적이며, 모든 이는 법과 믿음에 따라 그

명령을 준수해야 한다."(Schmitt, 2015: 84)

무엇이 기적인지 아닌지를 결정하는 것은 국가, 즉 사적 이성에 대립하는 공적 이성이다. 그를 통해 주권 권력은 최대치에 달한다. 그것은 대지 위에서 신의 최상의 대리인인 것이다. 그러나 슈미트에 따르면 홉스는 그 지점에서도 결정적인 곳에서 엇나간다. 그리고 홉스 이론의 통일성에 균열이 발생한다.

기적과 신앙과 관련해 홉스는 뿌리 깊은 개인주의적인 유보를 드러내는데, 그것은 사적 이성과 공적 이성의 구별에 상응하는 내적 신앙(Glauben)과 외적 신앙고백(Bekenntnis)의 구별에서 드러난다. 앞서 보았듯이 기적은 공적 이성에 해당한다. 그러면서도 슈미트가 보기에 홉스는 동시에 사적 이성의 자유를, 즉 '사유는 모두에게 자유다(quia cogitatio omnis libera est)'라는 보편적 사상의 자유를 주장한다. 달리 말해 홉스는 여전히 무엇이 기적인지와 관련해 자신의 사적 이성에 맞게 각자 내적으로 믿거나 믿지 않을 자유를 개별자에게 귀속한다. 그에 따라 개인은 자신의 가슴 속 재판관에 따라 판단할 수 있다. 다만 외적으로 자신의 믿음을 공표(신앙고백)할 경우 사적 판단은 중단되며 그때 개인은 주권자의 결정에 내맡겨질 뿐이다.

이제 공과 사, 외적 신앙 고백과 내적 믿음의 구별이 발생한다. 그 구별은 18세기 이후 자유주의적인 법치국가, 입헌국가로 이어진다. 즉 홉스의 불가지론은 '중립적' 국가라는 근대 자유주의 법치국가의 근원이었던 셈이다(Schmitt, 2015: 85). 이제 신학적이 아니라 법학적으로 구성된 현대 개인주의적 사상의 자유, 양심의 자유, 즉 자유주의 헌법 체계의 구조에서 특징적인 개별자의 자유의 권리가 출발한다. 그리고 실체적 진리의 인식 불가능성으로부터 정당화되는, 외적인 권력으로서 국가의 기원은 여기에 있는 것이다.

슈미트는 이런 내적 믿음에 대한 국가의 유예를 '리바이어던의 죽음'의 맹아로 보았다. 그러면서 그의 논의는 그런 국가의 중립화 이후 자유주의화를 추구한 유태인 지식인들을 향한 공격으로 나아간다. 그 대표적 인물이 스피노자다. 슈미트는 스피노자를 "최초의 자유주의 유태인"(Schmitt, 2015: 86)이라고 부르며 그가 홉스가 제시한 내/외, 공/사의 관계를 역전해 근대 자유주의로 가는 돌파구를 냈다고 주장한다. 그리하여 칸트에게서 드러나는 법의 타율과 도덕의 자율의 구분과 같은 내/외, 공/사의 구분이 18세기 이래 보편화되고, 그런 구별은 모두 홉스에게 기원을 둔 것으로 제시된다.

그렇다면 홉스의 리바이어던은 외적으로 전능하지만 내적으로 무력한 권력인 셈이다. 왜냐하면 그것은 공적인 것에 대한 사적인 것의 우위라는 자유주의적 논리(신념의 자유)의 씨앗을 내포하고, 그로부터 국가의 약화가 나오기 때문이다. 국가가 단지 외적 권력으로 취급되고 국가의 공적 권력의 핵심을 이루는 내적 영혼이 사적 영역으로 간주되는 것은 국가의 의미를 축소하고 말 것이다. 이는 주권적 인격의 죽음을 뜻한다.

자유주의라는 판도라의 상자?

국가가 내적인 믿음을 사적인 것으로 추방함에 따라 인민의 영혼은 내면성이라는 "비밀스러운 길"을 걷게 됐다고 슈미트는 한탄한다.

왜냐하면 그런 침묵과 고요의 대항적 힘이 국가라는 외적 권위에 맞서게 됐기 때문이다(Schmitt, 2015: 94).

물론 이런 슈미트의 홉스 해석이 과장이라고 말할 수도 있다. 슈미트가 언급한 '침묵'을 달리 해석해보면 개인의 '외적 행위'는 주권자에 의해 통제되고 단지 내면에 대해서만 불간섭의 원칙이 통용되는 것이다. 그렇다면 각 개인은 자신의 내면적인 생각을 구체적으로 외적으로 실현하면 안 된다. 외부는 주권자에 의해 통제되는 영역이므로 그는 자기 생각을 자유롭게 '표현'하는 순간 죽음을 각오해야 한다. 따라서 개인은 내면의 생각과 의지, 욕구를 스스로 규제하거나 규율화해야 한다. 즉 홉스적 전통 이래 근대법은 자기규율을 통해 주체를 생산한다(Menke, 2015: 88). 따라서 홉스가 말하는 진실은 자유주의적 주체는 동시에 자기규율적 주체, 스스로 복종하는 주체이기도 하다는 것이다(임미원, 2012: 304~305). 그러나 나치 시대의 슈미트는 이에 만족하지 않고 더 강한 처방을 원했다. 그는 '자유주의자' 홉스를 극단화해 비판하는 방식을 택한다.

홉스가 열어젖힌 내/외의 구분과 '내면의 자유'의 길은 그 필연적 결과로 거인 기계에 내부로부터의 파괴를 야기했다. 필멸의 신인 리바이어던은 '죽음에 이르는 병'에 걸리게 됐다. 동시에 정치의 사법화가 야기됐다. 국가는 실증주의적 합법성의 체계로 전락하고 인간 입법자(legislator humanus)는 입법가 기계(machina legislatoria)에 의해 대체됐다. 부르주아 법치국가(Rechtsstaat)는 사실상 법률국가(Gesetzesstaat)에 불과하고, 법은 곧 그 현상 형태인 법률로, 정당성(Rechtfertigung)은 곧 합법성(Legalität)으로 전락하고 말았다. 이렇게 합법성이 지배하는 국가는 곧 베버가 말한 관료국가로 됐고, '중립적' 국가는 유태인적인 기원을 가진 반국가주의 융성의 배경이 됐다. 그런 '입헌주의'가 등장하면서 1918년 11월, 제1차 세계대전의 시련을 겪고 시험대에 섰던 프로이센 군인국가는 혁명의 파국 속에 붕괴하고 말았다.

이제 국가의 통일성을 해치는 중세적인 적들(가톨릭교회, 이해 집단들)을 대체할 새로운 사회 세력("사회적인 힘들")이 등장하게 됐다. 그것은 정당과 노동조합, 사회적 결사체들을 의미한다(Schmitt, 2015: 116). 이를 가능하게 한 것은 "개인적 자유권의 카탈로그를 근본 도식으로 삼고 있는 헌법 체계"였다(Schmitt, 2015: 117). 이제 자유주의 이후, 사적 영역이 국가로부터 독립해 국가에 대항하는, 국가로부터 자유로운 사회, 곧 시민사회가 등장하게 됐다. 국가와 국가로부터 자유로운 사회 사이의 이원론에서부터 사회적 다원주의가 그 시작점을 알린다. 교회와 노동조합이 주도하는 정당정치, 그리고 모든 형태의 자율적 사회운동이 등장하면서 리바이어던은 죽음을 고하기에 이른다.

"그리하여 그들은 리바이어던에 대항해 투쟁할 수 있었으며, 그럼에도 그들이 거대한 기계를 파괴할 때까지 그 리바이어던을 이용할 수 있었던 것이다. (…) '거대한 기계'로서 국가의 신화라는 의미에서 리바이어던은 국가와 개인적 자유의 구별로 인해 파괴됐다. 그 시점에서 이런 개인적 자유의 조직화는 반-개인주의적 힘들이 리바이어던을 산산조각 내고 그것의 고기를 자신들끼리 분배하게 한 칼이었다. 그리하여 필멸의 신은 두 번째로 죽음에 이르렀다."(Schmitt, 2015: 118)

이처럼 슈미트의 홉스 독해는 리바이어던의 죽음을 애도하는 추도사로 이어진다. 그러나 슈미트는 그 죽음의 원인을 홉스 자신에게 돌림으로써 홉스를 철저히 넘어서려 했다. 슈미트는 홉스의 국가는 "전체주의 국가(der totalitäre Staat)"도 총제적 국가(der totale Staat)도 아니었다고 단정한다. 개인주의를 극복하지 못한 채 자유주의적 국가 개념의 길을 터준 홉스는 오히려 더욱 위험한 세력들의 힘을 불러일으키고 말았다.

이런 비판을 통해 슈미트는 홉스를 넘어서려 하는데, 홉스가 현대 정치의 '탈신성화'로 가는 길을 놓았다면 슈미트는 '자유주의'와 철저히 거리를 두며 정치적인 것을 '재신성화'하려 했다(Als Thomsen, 1997: 27). 즉 슈미트는 "정치적인 것의 총체성"을 통해 새로운 통일성을 만들어냄으로써, 국가 내의 계급 적대, 그리고 끝없이 자기 자신을 낡은 것으로 만들어버리는 과학적-기술적-산업적 새로움을 향한 방향 설정을 극복하려 했던 것이다(Staff, 1984: 194). 이를 통해 슈미트는 가치의 중립성과 믿음의 다양성을 붕괴하려 시도한다.

이런 맥락에서 슈미트 정치철학의 핵심적 모티프를 "대심문관과 마라노 사이에서 벌어진 내전"으로 고찰하는 것 역시 가능할 것이다(김항, 2018: 25). 여기서 마라노marrano란 스페인어로 돼지처럼 불결하다는 뜻에서 파생된, 이베리아반도에 거주하는 개종 유태인들을 지칭한다. 그들은 스페인 왕국의 강요에 따라 가톨릭으로 개종했지만 은밀히 자신들의 유대교 전통을 유지하고 있었다. 슈미트가 보기에 마라노는 내면과 외면이 일치하지 않는 자들, 곧 탄압을 피해 겉으로만 개종한 사람들을 뜻한다. 그리고 홉스적인 국가는 개인 내면의 자유를 인정함으로써 마라노를 인정해버린다. 이후 유럽 전역으로 뻗어나간 마라노는 스피노자에게서 보듯, 그리고 슈미트 시대에 벤야민의 사례에서 보듯 리바이어던을 파멸로 몰고 간 베헤모스적인 힘을 초래했다. 반면 슈미트적 국가는 대심문관의 독재를 실행할 것이다. 그것은 개종 유태인들(스피노자와 벤야민)이 제기하는 자유주의와 아나키즘으로부터 국가를 지키고, 그런 의미에서 '내전을 억제하는' 카테콘Katechon의 기능을 수행할 것이다.

이런 맥락에서, 슈미트가 앞서 언급한 "최초의 자유주의 유태인" 스피노자는 실제로는 슈미트의 동시대인이자 지적 라이벌인 발터 벤야민을 염두에 둔 표현이라는 해석이 가능하다. 실제로 슈미트는 1973년 5월 한스외르크 피젤Hansjörg Viesel에게 보낸 편지에서 그가 1930년대 벤야민과 매우 빈번히 접촉하고 그의 사유와 지속적으로 대결했음을 암시했다. 특히 슈미트는 1937년에 쓴 논문에서 자신은 벤야민이 단 한 차례도 홉스를 언급하지 않은 사실을 비판했다고 피젤에게 전하고 있다(Bredekamp, 1998: 911). 1973년 4월 마찬가지로 피젤에게 쓴 편지에서 그는 자신의 홉스 저작이 직접적으로 벤야민을 겨냥한 것이라고 말하고 있다. "거대한 정치적 상징의 해석을 통해 벤야민에게 답하고자 한 시도(〈홉스 국가론에서 리바이어던〉, 1938)는 유감스럽게도 주의를 끌지 못한 채 남아 있습니다."(Bredekamp, 1998: 912에서 재인용) 여기서 슈미트가 고백하고 있듯이 그의 홉스 비판은 궁극적으로 벤야민을 겨냥한 것이고, 홉스가 언급한 리바이어던의 안정성(영원한 신체)을 벤야민이 강조하는 '주권의 부재'라는 표상에 대립시키려 한 것이다.

물론 앞서 보았듯이 그는 홉스적인 리바이어던의 한계를 지적하며 리바이어던보다 더 높은 권위를 요청한다. 이는 현존하는 법적 안정성에 중단을 초래할 예외상태의 결단주의로 이어진다. 슈미트는 '예외상태' 개념을 통해 벤야민과 홉스, 스피노자를 동시에 비판하려고 했다. 슈미트가 이처럼 스피노자와 벤야민을 의식하며 홉스를 비판한 이유는 자유주의-아나키즘적 유태인들이 불러일으키는 내전의 힘을 극복해야 한다는 실천적 필요성에서였다. 그리고 아마도 슈미트 본인은 자신이 나치 정권하 권력 투쟁에서 패배한 이유 역시 그런 힘을 철저히 극복하지 못하는 제3제국의 무능력에서 비롯한다고 본 것으로 읽힌다. 발리바르가 지적했듯이 슈미트가 '절망적으로' 홉스를 읽었던 이유 역시 여기에 있을 것이다.

따라서 〈홉스 국가론에서 리바이어던〉에 나오는 다음과 같은 표현은 매우 징후적이다. "국가와 혁명, 리바이어던과 베헤모스는 모두 언제나 현존하며 잠재적으로 언제나 활동적이다."(Schmitt, 2015: 55) 실제로 홉스적인 국가에서 내전은 억제되지 않았다. 베헤모스는 언제나 혁명적 힘으로서 리바이어던을 위협하고 이미 리바이어던을 파국으로 몰고 간 바 있다. 따라서 내전은 '진행 중'이다. 그러나 그렇다면 '총체적 국가'는 과연 달성 가능한가, 내부의 적이 항상적으로 국가를 위협하고 있다면 국가의 정치적 통일성은 신기루에 불과하지 않나 하는 질문이 제기된다.

우리는 이 질문을 결말부에서 살펴볼 것이다. 그 전에 우리는 잠시 슈미트에 가해진 레오 스트라우스의 비판을 돌아보며 (슈미트가 홉스에게 가한) '자유주의'라는 (비난적) 기표의 의미를 좀 더 고찰해보자.

'홉스를 읽는 슈미트'를 읽는 스트라우스 : 자유주의자 슈미트?

앞서 보았듯 슈미트에게 내전은 '진행 중'이다. 그리고 대심문관 국가는 내전을 억제하기 위해 총체적 국가의 달성을 목표로 한다. 그러나 그처럼 '내전'을 국가의 운명으로 규정하는 것 자체가 스트라우스가 보기에는 슈미트에 남아 있는 자유주의를 의미하는 것이었다.

스트라우스 역시 홉스를 "자유주의의 창시자"(Strauss, 1965: 182)로 규정한다. 그에 따르면 홉스에게서 자기보존에 입각한 자연법이 국가 설립의 기원이 되는데, 그때 자연법의 역할은 실정법과 통치권을 제약한다는 것에서 발견된다. 즉 국가의 기능은 자연법의 실현으로 국한되는 것이다. 이처럼 자연법에 입각해 국가의 통치권을 '제약'한다는 데서 홉스의 자유주의가 발견되고, 이후 자유주의는 '의무와 구분되는 권리'를 근본적인 정치적 사실로 간주하고 그런 권리의 보존을 국가의 기능과 동일시하는 방향으로 나아간다.

이런 맥락에서 스트라우스는 홉스가 애덤 스미스의 '보이지 않는 손' 개념의 후원자였다고 말한다. 〈리바이어던〉과 〈국부론〉의 상관관계는 인간 자신이 의식하지 못하는 자연필연성이 인간의 사회적 삶을 가능케 한다는 데에 있다(Strauss, 1965: 200~201). 스트라우스의 논리대로라면 칸트 역사철학의 '자연목적' 개념 역시 홉스에게 빚을 진 셈이 된다.

이처럼 스트라우스 역시 슈미트처럼 홉스를 자유주의의 창시자로 규정하지만 둘 사이에는 홉스를 읽는 방식에서 차이가 나타난다. 스트라우스는 홉스를 이미 반기독교적인 세속화의 이론가로 묘사하는 반면, 슈미트는 홉스에게 정치신학이 존재한다고 보고 그에게서 "신학적 중층결정"을 읽어낸다(Vatter, 2004: 171). 말하자면 슈미트는 홉스가 다층적 차원에서 신학을 숨기면서도 동시에 드러내는 서술 방식을 통해 신학적인 것을 정치적인 것의 본질로 제시하며 '최종심에서 신학의 결정'을 읽어내고 있다고 보는 것이다. 더 나아가 둘 사이의 차이는 스트라우스가 슈미트마저 '자유주의자'로 비판하는 데서 좀 더 본격적으로 드러난다.

슈미트의 책 〈정치적인 것의 개념〉에 대한 논평(슈미트 자신은 자신에 대한 스트라우스의 비판을 진지하게 검토한 것으로 보인다. 따라서 해당 저작의 영문판에 스트라우스의 논평을 부록으로 싣는 것을 허락했다)에서 스트라우스는 슈미트가 자유주의를 비판하기 위해 사용하는 '국가 이전의 정치적인 것'이라는 도식("국가는 정치적인 것을 전제한다")이 홉스에 기대고 있음을 명민하게 지적한다. 즉 홉스에게 국가 이전의 자연상태가 있다면, 그에 상응해 슈미트는 국가에 (논리적으로) 선행하는 정치적인 것을 개념화한다. 그러나 그 둘이 일치하는 것은 아니다. 홉스의 자연상태가 개인들 사이의 적대적 폭력을 의미한다면 슈미트의 정치적인 것은 집합적인 갈등과 투쟁을 의미하기 때문이다.

그럼에도 스트라우스가 보기에 슈미트의 그런 논의는 홉스에 상당히 의존하고 있고, 반면 홉스 자신의 논의는 (슈미트가 '정치적인 것' 개념을 통해 반박하려고 했던) 자유주의의 기원을 형성한다. 즉 슈미트의 논의는 홉스를 차용해 홉스 자신이 기원이 되는 자유주의를 반박한다는 역설적 구조를 안고 있는 셈이다. 스트라우스는 슈미트의 논의에서 드러나는 홉스에 대한 비일관성은 그런 구성에서 기인한다고 본다. 예컨대 〈정치적인 것의 개념〉 초판(1927)에서 슈미트가 홉스를 "가장 위대하며 아마도 유일하게 참으로 체계적인 정치적 사상가"라고 예찬했던 반면, 1932년 판에선 홉스를 향한 극찬을 삭제했던 것도 그와 무관치 않다는 것이다. 따라서 홉스의 양면성은 실은 슈미트 자신의 양면성으로 이어지는 것이다(Strauss, 2007: 106~108).

스트라우스는 이렇게 쓴다. "정치적인 것의 긍정은 자연상태의 긍정이다."(Strauss, 2007: 118) 정치적인 것의 긍정은 자연상태의 긍정이며 동시에 그렇기 때문에 자유주의적 전제를 부지불식간에 수용하는 논의라는 것이다. 따라서 스트라우스가 보기에 슈미트는 자유주의적 지평 안에서 자유주의를 비판한 것이고 그의 자유주의 비판은 그런 맥락에서 자유주의를 참된 의미에서 극복하지 못한 셈이다. 그러면서 스트라우스는 "자유주의에 대한 근본적 비판은 홉스에 대한 적절한 이해의 토대 위에서 가능하다"고 덧붙인다. 즉 슈미트는 여전히 홉스에게 미련을 갖고 있는, 또 다른 자유주의자라는 것이다(Strauss, 2007: 122).

또 발리바르가 말하듯 슈미트에 대한 스트라우스의 논평은 슈미트가 드러내는 "출발점에서의 양면성"을 지적하는 것이기도 하다(Balibar, 2017: 54). 홉스는 비록 인간 본성이 도덕적으로 악하다(evil)고 보지는 않았지만, 공포에 쉽게 노출되고 정념의 지배를 받는다는 측면과 이기적이고 공격성을 갖는다는 측면을 지적하며 인간 본성이 극복돼야 할 나쁜 것(wickedness)이라는 점에는 수긍했다. 반면 슈미트는 집합적 안정과 사회의 보호라는 탈정치화의 귀결을 피하기 위해 그런 인간 본성의 적대적 측면이 긍정돼야 한다고 봤다. 그런데 여기서 더욱 지적해야 할 사실은, 홉스와 슈미트가 그렇게 '출발점'을 공유하지만 서로 다른 '목적'을 갖는 것이 아니라 실은 동일하지 않은 출발점과 전제 위에 서 있다는 것이다. 홉스적인 인간 본성의 나쁜 측면은 자연상태에 귀속돼 따라서 도덕 이전의 순수함을 의미하는 반면, 그와 달리 슈미트는 그런 인간 본성의 악함을 평화주의·자유주의적 도덕성을 공격하는 데 적극적으로 활용한다. 그런데 스트라우스는 바로 그 점에서 슈미트의 논지는 여전히 인간 본성을 정치적인 것의 주요 설명 요소로 제시하는 도덕주의에 머물러 있고 따라서 자유주의의 지평을 넘어서지 못한다고 지적한다.

이런 논쟁은 무엇을 의미하는가? 우리는 실제로 슈미트가 자유주의자라고 단언할 수 있나? 오히려 이런 논쟁은 '자유주의'라는 기표가 남발되고 슈미트가 홉스를, 스트라우스가 슈미트를 비판하기 위해 갖다 붙이는 수식어가 된 게 아닌가 하는 인상마저 준다. 그렇다면 이런 논쟁에서 자유주의는 아무 의미 없는 텅 빈 수식어에 불과한가?

오히려 이런 논쟁들 속에서 우리는 슈미트가 (그리고 스트라우스가) 반대했던 자유주의에 일련의 핵심이 있음을 인식할 수 있다. 자유주의가 새로운 내전의 힘을 가능케 했다는 슈미트의 주장은 비록 그 과장된 화법에도 불구하고 일말의 진실을 담고 있다. 그것은 제도화된 현대의 자유민주주의가 사회적 적대를 추방하기는커녕 제도적으로 적법한 것으로 가능하게 만들었다는 데서 드러난다. 그렇다면 우리는 슈미트적인 대심문관 국가를 넘어, 현대 자유민주주의의 일정한 요소들을 급진민주주의적으로, 즉 '갈등의 제도화'의 가능성이라는 맥락에서 긍정할 수 있지 않을까? 이런 해석은 슈미트를 '거꾸로' 읽을 때 비로소 가능해질 것이다.

‘홉스를 읽는 슈미트’를 읽는 발리바르와 무페

에티엔 발리바르는 칼 슈미트의 책 〈홉스 국가론에서 리바이어던〉의 프랑스어 번역판을 위해 작성한 머리말에서 ‘슈미트 읽기’를 옹호한 바 있다. 맑스주의 또는 급진 좌파와 극우 사상가 슈미트 사이의 “불미스러운 동맹”에 대한 숱한 우려에도 불구하고 슈미트나 하이데거 같은 우익적 사상가들의 저작을 “읽고 다시 읽어야” 한다는 것이다. 이를 회피하는 태도는 아직 종결되지 않은 역사의 불행한 사건들을 직면하지 못하는 무능함을 드러낼 뿐이라고 발리바르는 주장한다.

그중에서도 홉스의 〈리바이어던〉에 대한 슈미트의 주석은 가장 문제적이라고 할 수 있다. 그 저작은 “진정 정치적 신체의 통일성의 기능으로서 그리고 총체성, 질서, 지휘 (또는 권위) 그리고 복종의 귀결로서 국가의 리트머스 시험이 펼쳐지는 장소”(Balibar, 2017: 47)를 이룬다. 발리바르는 정치적 위기에 처한 슈미트가 홉스와 자신을 동일시해, "홉스에게서 '절망적으로' (…) 그 자신의 이론이 어떻게 해결해야 하는지 알지 못했거나 해결할 수 없었던 문제들에 대응할 가능성을 탐색했다"고 주장한다(Balibar, 2017: 74). 만약 그렇다면 슈미트의 홉스 비판은 자기비판으로 읽힐 수 있다.

발리바르의 설명은 이렇다. 〈정치신학〉이나 〈정치적인 것의 개념〉에서 슈미트는 홉스를 결단주의와 유럽공법의 창시자로 지시하는데, 진자의 요소는 '진리가 아니라 권위가 법을 만든다(auctoritas, non veritas)'는 언급에서, 후자의 요소는 초국적 질서를 거부하고 주권국가를 다른 국가권력들과 관계 맺는 '거대한 개인'으로 묘사하는 데서 발견된다. 즉 홉스의 방법론적 이중성을 거부하면서도 슈미트는 일관되게 홉스의 리바이어던을 현실주의 국가 개념의 모델로 차용하고 있었다. 그러나 1938년 출간한 〈홉스 국가론에서 리바이어던〉에서 슈미트의 주장은 급격히 전도된다. 그 책에서 슈미트는 홉스의 국가론에 나타나는 정치적 관계의 기계론적 사고를 부각하고, 그것이 개인주의로, 더 나아가 결국은 정치의 '기술적' 중립화, 공적 권력에 대한 사적 이해관계의 자립화, 법실증주의의 승리를 낳았다고 비판한다.

발리바르는 슈미트가 1938년 〈리바이어던〉을 읽을 무렵 그 책의 "경향과 효과의 두 측면에서 보이는 심오한 이중성"(Balibar, 2017: 48)을 인식하고 있었다고 지적한다. 즉 그 책에서 홉스의 권력(혹은 역량 puissance)은 무능력(impuissance)과 나란히 공존하고 있고, 그로 인해 홉스는 국가의 권리를 최고의 총체성으로 절대화하려고 했던 바로 그 순간에, 자신이 구성한 "기계"(즉 국가)의 파괴자로, 즉 자유주의의 선구자로 전락하고 말았던 것이다. 그러나 발리바르에 따르면 슈미트는 홉스를 단순히 자율성의 이론가로 묘사하지 않는다. 그는 동시에 홉스를 그런 자율성을 총체적으로 지배하지 못하는 고전적 이성의 무능력에 대한 증인으로 내세운다. 즉 슈미트가 보기에 홉스가 발견한 것은 "근대 정치적 합리성의 전체 역사가 가진 비밀"이었고, 그가 보여주고 싶었던 것은 바로 그런 무능력이었던 것이다(Balibar, 2017: 49). 이것이 의미하는 바는 무엇인가?

발리바르는 슈미트가 독해한 홉스에게서 "'국가'의 이중성"(Balibar, 2017: 68)에 대한 새로운 관점이 드러난다고 본다. 불복종에 대한 범죄화, 처벌의 공포로서 국가의 권위는 동시에 바로 그런 국가의 '외부'의 존재를 상정한다. 따라서 그것은 국가 내의 갈등(혹은 심지어 적대)을 배제하는 것이 아니라 오히려 전제하고 있다. 그런 이유에서 슈미트는 홉스 국가론에서 드러나는 초월적 권위에 대한 정당화에 매료됨과 동시에 그 이론이 지닌 위험을 경고하지 않을 수 없었던 것이다.

그렇다면 이제 이런 '슈미트의 홉스 읽기'는 정치적으로 슈미트의 반대편에 서 있는 급진적 비판이론에 어떤 교훈을 줄까? 급진민주주의 이론가 샹탈 무페는 다음과 같이 말한 바 있다. "슈미트의 도움으로 우리는 우리 앞에 놓인 과제의 복잡성을 파악할 수 있다."(무페, 2012: 183) 즉 슈미트의 홉스 독해는 현대 정치와 관련해 어떠한 복잡한 과제를 보여주는가?

논자들에 따라 "슈미트의 책은 홉스와 자유주의 사이의 연결에 대한 철학적 연구의 저작이라기보다는, 원한 감정과 증오의 기록으로 판명됐다"(Jaume, 2007: 212)고 말하기도 할 만큼 슈미트의 홉스 저작은 과장된 서술로 가득 차 있다. 그러나 동시에 지적할 사실은 슈미트가 보여주는 역설적 진리가 있다는 것이다. 슈미트가 설명하는 자유주의의 단점은 사실 자유주의의 순기능이라고 말할 수도 있다. 즉 역사적으로 자유주의의 등장은 적대적 갈등이 제도적으로 가능해진 원동력이 됐고 그로부터 국가권력 외부의 진지를 통한 투쟁 가능성이 도출됐기 때문이다.

그렇다면 슈미트가 비판적으로 고찰한 자유주의의 귀결은 (그가 자유주의가 본래 목표로 삼는 것이라고 규정한) '합의'가 아니라 종식되지 않는 갈등, 내전이라는 사실이 드러나는 셈이다. 따라서 자유주의 제도는 적대와 투쟁의 제도화라고 말할 수 있지 않을까? 말하자면 자유주의의 제도화는 자유주의가 본래 부정하는 계급투쟁, 헤게모니 투쟁의 가능 조건이 되는 것이다. 그렇다면 자유민주주의의 역설적 의의 역시 여기서 드러나는 게 아닐까? 즉 '의회를 통한 합의'가 아니라 '적대의 제도화'가 바로 자유민주주의가 이룩한 역사의 진보라는 급진민주주의적 해석이 가능하다.

그렇다면 (슈미트식의) 대심문관에 저항하는 '마라노'의 관점, 말하자면 벤야민적인 표현으로 '억압받는 사람들'의 관점에서는 그런 자유주의의 제도화야말로 적대의 제도화를 가능케 하는, 즉 국가의 '대심문관화'를 저지하는 '카테콘'의 기능을 하는 셈이다. 우리는 이렇게 슈미트를 '거꾸로' 읽을 수 있다.

사실 슈미트적인 국가에서 슈미트가 강조하는 총체적 통일성은 실현 불가능한 것이다. 주권자는 언제나 내부의 '적'과 대결해야 하고 적대는 불가피하다. 이는 홉스에게서도 마찬가지다. 〈리바이어던〉 22장에서 홉스는 주권 권력의 권한으로부터 수립되는 '정치적 단체'

와 개인에 의해 만들어진 '사적 단체'를 구분하는데, 다시 그중에는 합법 단체와 불법 단체가 존재한다. 즉 홉스는 국가의 허락을 받지 못한 불법 단체의 존재 가능성을 인정한다(Hobbes, 2015: 156). 그렇다면 불법 단체는 왜 불법적인가? 주권자에 의해 불법으로 규정됐기 때문에, 즉 주권자가 그들을 승인하기를 거부했기 때문이다. 주권자는 불법/합법 여부를 결정할 권한을 갖는다. 그런데 그것이 뜻하는 바는 주권자와 불법 단체 사이의 대결이 국가를 이루는 조건이라는 사실이다. 즉 국가는 그 내부에 언제나 비국가적 단체를 포함한다는 역설이 여기서 표현되고 있다. 국가의 통일성, 단일성은 사실 그런 의미에서 자기모순적인 표현이라 할 수 있다. 따라서 우리는 국가에 외부가 존재하지 않는다는 (전체주의적) 가정을 슈미트와 홉스의 언어로 반박할 수 있다.

지금까지 살펴보았듯이 슈미트의 저작 〈홉스 국가론에서 리바이어던〉은 사실상 '리바이어던의 죽음'을 애도하는 일종의 추도문이다. 그런데 인격이자 신이며, 괴물이면서 동시에 거인이자 기계인 리바이어던은 어째서 죽음을 맞이했나? 리바이어던에 대항하는 베헤모스의 힘을 고삐에서 풀어낸 것은 무엇인가? 다름 아닌 리바이어던의 다른 얼굴, 개인의 내면성의 권리를 국가권력의 외부로 남겨놓은 자유주의적인 홉스였던 것이다.

나치즘의 전성기였던 1938년 발표된 그 책에서 슈미트는 18세기와 19세기에 걸쳐 자유주의와 입헌주의가 확산하는 과정에서 교회와 노동조합 같은 새로운 정당정치 세력이 등장하고 다원주의가 확산하면서, '국가의 통일성'이라는 리바이어던의 힘이 붕괴하고 국가 외부의 자유로운 사회적 힘이 소생했다고 개탄한다. 그러나 그런 국가 외부에서 (시민)사회의 자율적인 힘의 등장, 즉 '일상화된 내전'은 말을 바꾸면 지배 질서에 대항하는 자율적 정치의 출발점이기도 하다. 즉 슈미트가 '리바이어던의 죽음'이라고 슬퍼하는 역사 발전 과정은 동시에 반-리바이어던인 베헤모스의 출현 과정이고 저항적 정치의 가능 조건이기도 했다.

자유주의적인 입헌주의와 다원주의가 슈미트가 비판하듯 그 자체로는 사회의 '탈정치적' 경향을 촉발한다는 것이 사실이라 해도, 동시에 자유주의적인 근대는 '국가권력 외부'의 자율적인 사회운동이 등장하는 배경을 낳기도 했다. 그 사회운동이 이념상 자유주의를 넘어서려는 목표를 갖고 있다 해도 근본적으로는 자유주의적 근대에 빚을 지고 있는 셈이다. '홉스의 독자' 슈미트가 리바이어던의 죽음을 애도하는 모습은 '슈미트의 독자'인 우리로 하여금 그의 의도와는 다른 방식으로 일상화된 내전으로서의 현대 정치를 사유하게 만든다.

그렇다면 자유주의에 대해 비판적인 급진적 비판이론 역시 무페를 따라 다음과 같이 말할 수 있지 않을까? "자유주의 제도들은 많은 참여민주주의자의 믿음처럼 자본주의 사회의 계급 분열에 대한 단순한 은폐이기는커녕, 다수의 독재 혹은 전체주의적 정당/국가의 지배로부터 보호돼야 할 개인적 자유를 보장한다."(무페, 2012: 166) 따라서 "민주주의 혁명을 사회적 삶의 새로운 영역으로 확장하기 위한 필요조건은 자유주의 제도와 민주주의 절차의 상호 연결이다. 그 때문에 정치적 자유주의는 급진적이고 다원적인 민주주의 기획의 핵심 요소다."(무페, 2012: 167)

물론 이런 언급은 자유주의의 이념을 그 자체로 완전한 것으로 긍정하는 것과는 거리가 멀다. 오히려 앞서 언급했듯이, 정치적 자유주의와 자유민주주의의 역설적 귀결은 그것이 합의를 도출하는 투명한 절차를 가능케 했다는 것이 아니라 오히려 적대의 경합적 제도화에서 드러난다. 무페의 다음과 같은 언급은 그런 맥락에서 읽힐 수 있다. "일반적으로 받아들여지는 견해에 따르면, 공적 공간은 합의 창출을 목표로 하는 지형이다. 반면 경합적 접근법에서 공적 공간은 갈등하는 견해들이 최종적 화해의 어떤 가능성도 없이 서로 대치하고 있는 곳이다."(무페, 2012: 147)

그렇다면 급진적 비판이론은 자유민주주의 제도를 그 자체로 부정하고 극복해야 할 대상으로 여길 게 아니라, 그것이 낳은 제도화된 갈등의 영역 속에서 헤게모니적인 방식으로 이뤄지는 '정치적인 것'의 구성을 이론화해야 할 것이다. 이는 자유민주주의를 긍정하면서 동시에 비판하는, 내재적 비판을 통한 변혁이 필요함을 뜻한다. 이는 자유주의적인 합의의 가능성을 (슈미트적인 방식으로) 비판하지만, 역으로 자유주의가 낳은 갈등의 제도화를 (슈미트를 거꾸로 읽는 방식으로) 긍정하고 이용하는 자세를 함축한다. 그것이 오늘날 급진적 비판이론이 정치적인 것의 역동성을 이해하는 데 필요한 징후적인 슈미트 읽기의 귀결일 것이다.

| 보론 |

정치적 상호 독자들로서 슈미트와 벤야민 : 예외상태 논쟁

예외상태는 정치의 존재론적 조건이다. 법이론에서 예외상태란 법의 효력이 일시적으로 중단되는 것을 말한다. 그것은 전쟁과 혁명의 발발 같은 내외적 위기 상황을 극복하기 위해, 혹은 그를 명분으로 행정권이 입법권의 독립성을 흡수하고 전시 입법이나 계엄 상태를 선포하는 특수한 사례를 지칭하기도 하지만, 강제 구금 같은 기본권 제약, 국회의원이나 정치 인사 체포, 정당이나 정치적 결사에 대한 강제 해산, 군대나 경찰 병력을 동원한 진압 작전 등 기본권과 법의 효력을 중단하는 모든 형태의 정치적 특수 상황을 지칭한다. 예외상태가 정치의 존재론적 조건인 이유는 그것이 우리가 일상적으로 상례라고 생각해왔던 모든 현대 정치의 상황, 예컨대 삼권분립과 민주적 선거, 의회와 절차적 민주주의, 권리와 의무 등을 순식간에 무화하는 '한계 개념'으로서 정치를 조건 짓기 때문이다.

조르조 아감벤은 저서 〈호모 사케르〉와 〈예외상태〉에서 벤야민과 슈미트의 예외상태론을 추적해 분석함으로써 정치 이론에서 예외상태 개념이 갖는 역할과 무게를 선구적으로 증명해냈다. 그의 문제 제기가 도발적인 이유, 그리고 그와 더불어 예외상태론에 대한 관심이 급속도로 높아진 이유는 그가 "예외상태는 민주주의와 절대주의 사이의 확정 불가능한 문턱"(아감벤, 2009: 16)이라고 보고 현대사회에서 예외상태가 상례화됐다고 진단하기 때문이다. 우리가 슈미트와 벤야민의 예외상태론에 주목하는 이유 역시 현대 민주주의에서 점증하는 예외상태의 상례화 경향을 진단하고 분석하고 관련한 고전적 논의를 참고해야 할 필요성 때문이다.

니체는 〈도덕의 계보학〉에서 생명은 본질적으로 파괴적으로 작동한다고 보고 법은 폭력과 파괴 같은 생명의 본래적 충동을 법 외부의 것, 즉 불법으로 낙인찍는다고 지적한다. 그리고 법이야말로 그의 관점에서 보자면 생명체가 가진 원래적인 자연적 충동에 비춰 예외적인 상태일 뿐이다. 따라서 그는 이렇게 말한다.

"우리는 심지어 더욱 의심스러운 다음의 사실을 인정해야만 한다: 최고의 생물학적인 관점에서 보면, 법률 상태란 힘을 목적으로 하는 본래의 삶의 의지를 부분적으로 제약하는 것으로, 그리고 그 전체 목적에 예속된 개별적인 수단으로, 즉 더 거대한 힘의 단위를 창조하는 수단으로 언제나 예외적인 상태일 뿐이라는 것이다."(니체, 2002: 420)

법은 정상 상태가 아니라 근본적으로 예외적 상태를 가리킨다고 쓰고, 자연적 생명의 힘과 법적 상태를 대립 관계로 설정한 것은 이후 슈미트와 벤야민의 정치철학에서 반복해 나타나는 주제를 선취한다.

슈미트는 가톨릭 보수주의 법학자로 나치즘에 가담하기도 하고 법실증주의자 및 규범주의자들과 대항하며 주권 독재와 예외상태, 법 효력의 중지를 이론화한 사람이지만, 그의 도발적인 문제 제기는 역설적이게도 정치적으로 정반대편에 있던 유태계 철학자 벤야민에 의해 비판적으로 수용된다. 그러나 벤야민은 그것을 통해 거꾸로, 예외가 상례가 되고 민주주의와 전체주의가 서로 교차하는 위기의 시대를 극복하는 전망을 도출하려고 했다.

이제 우리는 슈미트와 벤야민의 논쟁을 추적해볼 것이다. 여기서 관건이 되는 논쟁 지점은 과연 예외상태가 (아감벤의 해석대로) '텅 빈 공간'으로 기능하는가, 따라서 주권은 하나의 공백 상태에 불과한가 하는 점이다. 우리가 증명하려는 바는 예외상태란 텅 빈 것이자 동시에 충만한 공간이고 예외를 둘러싸고 정치적·법적 갈등이 펼쳐지는 변증법적 공간이라는 점이다.

슈미트의 〈독재론〉(1921)

1921년에 출간된 〈독재론〉에서 칼 슈미트는 현대 정치의 본질을 독재적 성격에서 발견한다. 그에 따르면 독재는 일종의 예외상태이지만, 법적 상태와 대립하는 것이 아니라 법의 구체적 적용을 위해 사용되는 행위로 이해될 수 있다. "따라서 독재는 법적 문제이기를 중단하지 않는, 구체적 현실의 문제다. 헌법은 효력이 중단되지 않은 채 유예될 수 있다. 왜냐하면 유예는 오로지 구체적 예외를 의미하기 때문이다."(Schmitt, 1989: 137)

여기서 슈미트는 위임 독재(kommissarische Diktatur)와 주권 독재(souveräne Diktatur)를 구분한다. 고대 로마공화정에선 원로원의 결정에 따라 독재관이 임명될 때가 있었는데 이는 전형적인 위임 독재에 해당한다. 그때의 독재관 위임은 적이 침입하고 반란이 일어나는 등 긴급한 상황에서 한 사람에게 전권을 위임한다는 제한성이 있고, 위기를 종식하고 법적 질서를 수호한다는 분명한 목적이 정해져 있었다. 또 한시적 기간(6개월)이라는 제약이 있었다. 위임 독재에도 예외가 있었는데, 예컨대 기원전 82년 '국가 재건을 위한 명목'으로 종신 임기의 독재관이 돼 호민관과 민회의 권한을 대폭 축소하고 원로원 지배 체제를 회복하려고 했던 술라, 원로원의 지배마저 완전히 끝내고 일인 지배 체제를 세움으로써 공화정을 무너뜨린 카이사르가 그랬다. 그들의 독재는 무기한 연장된 독재였다. 그러나 두 인물의 경우에도 로마의 법적·정치적 체계를 근본적으로 바꾸지는 못했다는 점에서 근대적 형태의 주권 독재라고 보기 어려운 면이 있다.

슈미트는 근대적 주권 독재의 맹아를 영국의 올리버 크롬웰에게서 발견한다. 그는 의회의 위임을 받아 위임 독재를 펼쳤으나 나중에는 의회(장기의회)까지 그 스스로 해산함으로써 위임 독재를 넘어선 형태의 독재를 펼쳤다. 그로부터 슈미트는 주권적 독재의 고유성을 발견한다. 주권 독재는 자신이 제거하려고 하는 상태를 현존하는 질서 전체 내에서 발견한다. 따라서 주권 독재는 헌법으로 정당화되는 법률을 통해 현존하는 헌정을 유예하는 것이 아니라 현존하지 않는, 새로 창출해야 할 헌법에 호소하는 독재로서, 기존 사회의 법적·정치적 질서를 근본적으로 새롭게 구성하는 독재 권력을 말한다.

그렇다면 이에 대해 다음과 같은 반론을 제기할 수 있다. 주권 독재는 위헌적 행위, 즉 헌법에 의해 뒷받침되는 국가에 반하는 반국가 행위가 아닌가? 따라서 그 자체로 불법 행위인 주권 독재는 권력에 대한 물음일 뿐 법에 대한 물음으로 제기될 수는 없는 것 아닌가? 그에 답변하는 과정에서 슈미트는 주권 독재를 제헌 권력(구성 권력)으로 규정하고 그 고유한 가치를 논증한다. 즉 주권 독재는 기존의 헌법에 의해 정당화되지는 않지만 자신의 정당성을 앞으로 제정될 새로운 미래의 헌법에서 찾는, 정초하는 폭력(begründende Gewalt)이고, 그런 의미에서 제헌 권력이다(Schmitt, 1989: 137).

제헌 권력(pouvoir constituant, constitutive power)은 새로운 헌법을 정초하고 제정하는 권력이라는 의미뿐 아니라 문자 그대로 새로운 상태를 구성(constitute)한다는 의미 역시 지니고 있다(그 때문에 단어의 번역어는 '제헌 권력'과 '구성 권력' 모두 가능하다). 이처럼 새로운 헌정을 창출하는 과정은 신에 의한 창조 과정에 비유될 수 있다. 크롬웰은 의회를 해산할 때마다 신에 호소하며 신이 부여한 권한임을 강조했다. 즉 법적 효력의 중단으로서 예외상태는 기적, 즉 자연법칙의 유예와 동일한 의미를 갖는다(Schmitt, 1989: 139).

주권적 독재자 크롬웰이 신이 부여한 권한임을 강조할 수 있었던 것은 자신이 인민을 대변한다는 강한 확신, 그리고 의회 밖 인민들이 보내는 열광적인 지지가 있었기 때문이다. 군주에 의한 위임 독재는 독재자가 인민을 직접 대변하고 완전히 새로운 내용을 선언한 뒤에는 새로운 성격을 갖게 된다. 이제 군주는 현행 헌정이 규정하는 그의 권한에 구애받지 않고 새로운 헌정을 창출할 초월적 형상으로 나타난다. 제헌(구성) 권력은 제정된(구성된) 권력, 즉 현행 헌정이 규정한 권력을 능가한다. 이를 슈미트는 스피노자 형이상학과의 유비 속에서 설명한다.

"구성 권력(pouvoir constituant)과 구성된 권력(pouvoir constitué)의 관계는 그 완성된 체계적이고 방법적인 유비를 능산적 자연(natura naturans)과 소산적 자연(natura naturata)의 관계에 대한 표상 속에서 갖는다. 그리고 비록 그 표상이 스피노자의 합리주의적 체계 속에서 계승됐지만, 그것은 그러나 그 체계가 더 이상 합리주의적이지만은 않은 곳에서 증명된다."(Schmitt, 1989: 142)

물론 아감벤은 슈미트를 비판하며 그런 유비는 외관상으로만 성립되는 것처럼 보일 뿐이라고 주장한다. 슈미트의 제헌 권력은 제정된 권력에 대해 절대적으로 초월적인 입장에 서 있는 반면, 스피노자의 체계에서 능산적 자연과 소산적 자연의 관계는 양자가 절대적으로 상호 내재해 있음을 특징으로 하기 때문이다(아감벤, 2009: 73). 아감벤은 오히려 스피노자 존재론에서 자연 개념의 내재성은 슈미트가 말하는 주권자의 초월성이라는 표상에 대한 반론으로 이해해야 한다고 생각한다. 인민의 제헌 의지가 어떠한 외적 조건으로 인해 실현되기 어려운 상황에 봉착했을 때 주권 독재는 그 조건을 제거하고 제헌의회를 관철하기 위한 이행적 수단이며, 그런 의미에서 창조하는 힘, 즉 능산적 자연이다. 따라서 주권 독재는 절대군주제나 주권적 귀족정과는 무관하며 오히려 인민의 제헌 의지를 관철하기 위한 힘의 발현이다.

어쨌든 더욱 발전된 형태의 주권 독재를 슈미트는 프랑스대혁명

중에 나온 자코뱅 독재에서 발견한다. 1792년 9월 20일 등장한 프랑스 국민공회는 헌법 초안을 작성하라는 과제를 부여받은 제헌 권력의 예외적 기구였다. 1793년 7월 24일 헌법이 제정돼 통과됐지만 외부적으로는 전쟁, 내부적으로는 반혁명 운동 발발이라는 위기 상황에서 국민공회를 장악한 자코뱅은 헌법이 아니라 인민의 직접적인 지지에 호소해 다시금 독재를 수립했다. 즉 자코뱅에 의한 국민공회의 독재는 인민에 대한 인민 자신의 독재라고 선언됐다(Schmitt, 1989: 151). 자코뱅 독재는 이듬해 테르미도르 반동으로 막을 내리지만 정치적으로는 1848년 혁명에서 직접적으로 계승되고 사회주의 운동에 의해 수용됐다고 슈미트는 규정한다. 그에 따르면 맑스주의에서 주창한 프롤레타리아 독재는 국가의 소멸을 낳는 경제적 상태로의 이행 과정으로서 근본적으로 국민공회의 이론과 실천에서 근저를 이루는 주권 독재 개념을 전제하는 것이다(Schmitt, 1989: 205). 즉 슈미트는 주권 독재 개념은 크롬웰과 자코뱅 독재에 이어 현대 사회주의 운동에까지 이어지고 있다고 보고, 그런 의미에서 독재야말로 모든 혁명적 과도기가 취하는 필수적 형태라고 주장한다.

벤야민의 '폭력 비판을 위하여'(1921)

발터 벤야민은 그의 짧은 에세이 '폭력 비판을 위하여'(Benjamin, 2014)에서 법과 폭력의 본질적인 관계를 고찰한다. 그 글에서 법은 근원적으로 폭력과 관계를 맺음을 전제하고 폭력이 실행되는 구체적 양상들을 분석한다. 그때 슈미트가 제시한 제헌(구성) 권력과 제정된

(구성된) 권력이라는 개념 쌍은 벤야민에게서 법정립적 폭력(rechtsetzende Gewalt)과 법보존적 폭력(rechtserhaltende Gewalt)의 관계로 다시 등장한다. 전자는 현존하는 법질서 전체를 재구성하는 형태의 폭력을 말하며 그 예로는 파업권과 전쟁권이 있다. 그런 의미에서 법정립 폭력은 슈미트가 '예외상태' 또는 '주권 독재'로 부르고자 하는 상황들에 대한 벤야민의 이론화를 지시한다. 반면 후자는 법질서가 자신을 존속시키기 위해 행사하는 폭력으로 여기에는 사형 제도와 군국주의(징병제)가 포함된다. 그때 폭력은 다른 목적을 갖는 것이 아니라 바로 법이 자기 자신을 수호하는 것을 목적으로 삼는다. 그런 점에서 법보존적 폭력에선 자기 목적으로 자립화된 법의 성격이 극단적으로 드러난다.

슈미트가 스피노자의 자연 개념에 대한 유비를 통해 제헌(구성) 권력이 제정된(구성된) 권력에 대해 갖는 우위와 초월성을 논하려고 했다면, 벤야민은 법정립적 폭력과 법보존적 폭력이 결국은 하나의 본질을 갖는, 법질서에 내재한 두 개의 서로 다른 폭력의 양태로 이해돼야 한다고 주장한다. 예컨대 피억압자가 가진 파업권은 국가와의 물리적 대결이라는 형태로 이어지고 따라서 새로운 법질서를 정립할 정치 총파업과 계급투쟁으로 전면적으로 확산될 수 있지만, 그 결과로 도입될 새로운 법질서는 다시금 자신을 낳은 혁명적 에너지를 망각하고 법보존적 폭력을 가동해 자신을 수호하는 모습을 보일 것이다. 이미 글이 씌어진 1920년대에 바이마르공화국에서 그 같은 모습은 쉽게 발견될 수 있었다. 벤야민은 다음과 같은 서술에서 법정립적 폭력이 궁극적으로는 법보존적 폭력으로 전화되는 신화적 순환의 한계를 지적한다.

"하나의 법적 제도 내에서 폭력의 잠재적 현존에 대한 의식이 사라지면, 그 법 제도는 쇠락한다. 우리 시대에는 의회가 그 사례를 제공한다. 의회는 잘 알려진 가련한 광경을 연출하고 있는데, 이는 그것이 자신의 현존을 가능케 했던 혁명적 힘을 의식에서 망각했기 때문이다."(Benjamin, 2014: 190)

법정립적 폭력과 법보존적 폭력은 동일한 순환 과정을 연출한다. 법정립적 폭력이 새로운 질서를 창출하더라도 의도된 법이 정립되는 순간 그 법을 정립한 폭력은 곧바로 소멸하지 않는다. 이제 폭력은 권력(Macht)의 이름으로 정립되며 새로운 법질서를 지키려고 하는 권력이 스스로를 보존하는 데 기여한다. 법 정립은 권력 정립이며 그런 한에서 폭력의 직접적 발현 행위다(Benjamin, 2014: 198).

이렇게 법과 결부된 폭력은 법정립과 법보존의 운명적 쳇바퀴를 넘어서지 못하기 때문에 "신화적 폭력"으로 명명된다. 더 나아가 신화적 세계관이 유일신 사상과 대립하듯, 신화적 폭력에는 다른 형태의 폭력, 즉 법정립과 법보존의 순환을 넘어 법의 외부에 위치하는 순수한 폭력, "신적 폭력"이 대립한다. 신적 폭력은 법(목적)과 폭력(수단) 사이의 고리를 끊어낸다.

이런 설명은 법이 그 기원에서 "벌거벗은 생명(das bloße Leben)"을 죄짓게 만드는 폭력이었다는 벤야민의 신학적 세계관에서 기인한다. 법이 (죄지은) 인간을 처벌하는 것은 이미 법이 인간을 죄짓게 만들기 때문이다. 그 때문에 법이 (처벌이라는 형태로) 인간을 속죄하는 것은 기만이다. 인간은 속죄를 통해 죄로부터 해방돼야 하는 것이 아니라 죄짓게 만드는 법으로부터 해방돼야 한다. 신화적 폭력이 벌거벗은 생명에 대해 피 흘리는 폭력이라면, 신적 폭력은 살아 있는 자를 위한 모든 생명에 대한 순수한 폭력, 피 흘리지 않는 폭력이다. 신화적 폭력은 인간을 죄짓게 하고 다시 속죄(sühnend)하게 하지만 신적 폭력은 인간을 면죄한다(entsühnend). 즉 죄짓게 만드는 법으로부터 인간을 해방한다(Benjamin, 2014: 199).

신화적 폭력과 신적 폭력에 대한 이런 수수께끼 같은 설명에 이어 벤야민은 그가 (아나키스트 조르주 소렐의 영향을 받아) "혁명적 폭력"으로 부른 신적 폭력의 과제가 "법의 탈정립(Entsetzung)"에 있다고 서술한다(Benjamin, 2014: 202). 서술이 매우 모호하고 난해한 까닭에 과연 그때의 탈정립이 무엇을 의미하는지, 신적 폭력의 의미가 무엇인지를 두고 벤야민 사후에 논쟁이 지속됐다. 가장 대표적으로 데리다는 강연 〈법의 힘〉에서 '해체로서 정의'라는 새로운 정의 개념을 제시하며 "법 바깥에 또는 법 너머에 있는 정의 그 자체"의 출현을 벤야민의 순수 폭력 개념으로부터 읽어내려 시도했다(데리다, 2004: 33).

최근 이 논쟁에 참여한 크리스토프 멘케의 강조점은 '법의 탈정립' 개념을 단순한 법의 폐지나 해소와 구분지어 법의 자기반성으로 이해하는 것이다. 탈정립(Entsetzung)의 어원인 동사 'entsetzen'은 독일어에서 면직, 즉 어떤 사람을 그의 직책으로부터 박탈한다는 의미와 함께, 위기에 빠지거나 포위된 사람을 구원한다는 의미를 갖고 있다. 멘케에 따르면 벤야민이 법의 탈정립이라는 테제를 통해 제시하려고 한 메시지는 둘 모두에 해당한다. 즉 법의 '탈정립'은 운명적 순환에 갇힌 법을 '면직'하는 동시에 그를 통해 법을 '구원'하는 것이다. 그로써 멘케는 벤야민의 법 비판을 흔히 해석되듯이 법의 폐지와 무화라는 선언으로 읽는 것이 아니라, 슈미트 식의 예외와 독재에 대한 강조, 즉 현행법의 유예와 효력 중단을 정당화하려는 시도에 대한 대립지점으로 이해한다. "'탈정립'은 법을 '유예'하라는 요구에 대한 대항강령(Gegenprogram)이다."(Menke, 2012: 63)

법 정립이 곧 권력 정립이라는 벤야민의 비판과 법의 탈정립 요구는 법의 무화로 이해될 수 없다. 오히려 무화해야 할 것은 법 일반이 아니라 운명적 순환에 빠진 법이며, 그를 통해서만 권리의 표현으로서 법이 해방되고 자신의 진리가 드러날 수 있다. "슈미트가 국가의 권력을 위해 법을 유예하고자 하는 반면, 법을 '탈정립'하라는 것은 법이 자신의 직책에서 면직되고, 권력 정립이라는 법의 역사적 기능이 무화되어 그를 통해 법이 해방되는 방식으로 요구된다."(Menke, 2012: 65)

이처럼 벤야민의 '법의 탈정립' 개념을 '주권자에 의한 법 유예와 예외 선포'를 옹호하는 슈미트에 대한 대항 명제로 이해할 때, 벤야민과 슈미트의 논점이 각각의 의미가 더 명확히 이해되고 슈미트의 〈정치신학〉이 벤야민의 '폭력 비판론'에 대한 반론으로 씌어졌음 역시 더욱 분명히 인식될 것이다.

슈미트의 〈정치신학〉(1922)

아감벤은 〈독재론〉과 '폭력 비판을 위하여'가 출간되고 이듬해 1922년 발간된 슈미트의 〈정치신학〉을 벤야민의 '폭력 비판론'에 대한 꼼꼼한 응답으로 독해해야 한다고 주장한다(아감벤, 2009: 106). 벤야민이 법 외부에 있는 순수 폭력의 존재를 신학적 구상에 따라 이론화하려고 했다면, 슈미트는 벤야민의 신적 폭력을 다시금 법질서 내로 위치시키려고 한다. 결국 슈미트는 법 외부에 있는 순수한 폭력을 결코 용납하려고 하지 않는다는 것이 아감벤의 설명이다.

〈독재론〉에서 제시한 제헌(구성) 권력과 제정된(구성된) 권력 사이의 구분과 후자에 대한 전자의 초월성이 벤야민에게서 '신화적 폭력'이라는 이름으로 반박되고 제헌(구성) 권력이 다시 제정된(구성된) 권력으로 전환되는 순환을 깨지 못한다고 비판되자, 슈미트는 〈정치신학〉에서 두 권력 사이의 구분을 잠시 유보하고 주권자의 "결정"이라는 새로운 문제틀을 도입한다. "주권자란 예외상태를 결정하는 자를 말한다."(Schmitt, 1993: 13)

이제 슈미트는 주권자가 자신의 의지로 예외상태를 선포할 수 있다는 문제 설정을 도입한다. 예외상태는 흔히 국가가 위기에 처했을 때 비상 상태나 계엄 선포를 통해 도입되지만 결코 그런 몇몇 조치들로 환원되지 않는다. 예외 선포는 오히려 주권자의 고유한 역량으로 이해되며, 따라서 예외를 선포할 권한이 역으로 그가 주권자임을 보장한다. 어떤 예외상태가 선포됐을 때 중요한 것은 어떤 상황에서 내려졌나, 즉 타국의 공격이 있었나, 혹은 내란이 발발했나 하는 것이 아니라, 주권자가 그런 '결정'을 내렸다는 사실 자체인 것이다.

이것이 슈미트의 결단주의적 정치철학의 핵심을 이룬다. 법을 관철하는 것은 법의 규범이 아니라 관철하겠다는 인격적 결정에 의한 것이고, 그것은 예외상태에서 온전히 확인된다. "모든 질서와 마찬가지로 법질서 역시 규범이 아니라 결정에서 기인한다."(Schmitt, 1993: 16) 법적 실천은 언제나 법적 규범과 사실 간의 간극을 전제한다. 이는 법이 내포한 규범적 이념을 사실적 상황에 적용하는 과정에서, 규범과 사실을 넘어서는 결단이 요구됨을 함축한다. 따라서 슈미트에게서 법적 형식은 어떠한 결정이 내려졌다는 것과 같은 의미를 갖는다. 그 때 '어떻게' 결정하는가 하는 물음을 중시하는 것이 규범적 절차주의라면 '누가' 결정하는가를 중시하는 것이 슈미트의 결단주의다.

이런 결정, 예외 선포는 법의 효력을 중단하는 결정이며, 따라서 주권자의 권력은 법의 외부에 존재하는 권력이다. 그러나 법을 유예하는, 즉 법의 '외부'에 서 있을 수 있는 주권자의 힘은 동시에 법질서 자체의 유지를 목표로 삼는다는 점에서 법의 '내부'에 있는 것이기도 하다. 그런 설명으로 슈미트는 궁극적으로 '신적 폭력'이라는 개념을 통해 법 외부에 존재하는 순수 폭력을 상정하려고 했던 벤야민의 시도를 좌절시키고 법 외부에는 아무런 폭력도 존재할 수 없다는 사실을 강조하려고 했다. 법의 외부에 있으면서 동시에 그를 통해 법적 지배의 내부를 공고화하는 주권자의 초월성은 법의 신화적 순환을 넘어서는 사유를 전개하려 했던 벤야민에 맞서 슈미트가 내놓은 반론이다.

주권자는 법의 외부에 위치하지만 그 결과 국가의 법질서는 더욱 강력한 방식으로 유지될 수 있다. 애초에 헌법은 긴급 상태에 대처할 때 한계를 드러내곤 한다. 헌법은 누구에게 어떤 권한을 허가하는가 하는 것만 명시했을 뿐이므로 구체적인 긴급 상황에서는 무기력하게 남아 있다. 긴급한 상황에서 긴급 상황임을 선포하고 법치국가적 권력 분립을 극복해 상황을 타개하는 것은 따라서 구체적인 상황을 맞이한 주권자의 결단이다.

예외상태는 법질서를 중단하지만 법 폐지가 아니라 일시적 유예를 통해 법질서, 그리고 궁극적으로 국가 공동체를 구원한다. "법은 물러서지만 국가는 남는다."(Schmitt, 1993: 18) 따라서 예외상태는 무정부상태 또는 카오스를 의미하지 않는다. 오히려 예외를 선포하는 주권자가 모든 규범으로부터 해방되어 절대적 위치로 고양됨에 따라, 주권자로 체화된 정치적 공동체 전체의 의지 역시 고양된다. 법질서를 유지하는 것은 규범이 아니라 그것을 중단할 수 있는 주권자의 역량이다. "카오스에 적용되는 규범이란 존재하지 않는다. 법질서가 의미를 가지려면, 질서는 창출돼야 하는 것이다."(Schmitt, 1993: 19)

홉스가 종교개혁기 갈등의 와중에 평화의 보증인으로서 국가를 통해 가치중립성 내지는 진리의 중립성을 관철함으로써 내전이 끝나고 평화 상태가 오리라는 기대를 담았다면, 슈미트는 20세기 초반 계급 갈등과 혁명의 위기를, 그리고 과학적, 기술적, 산업적 새로움에 대한 사회 전반의 방향성이 초래하는 가치의 붕괴를 정치적인 것의 새로운 통일성과 총체성을 통해 극복하려고 했다고 볼 수 있다(Staff, 1984: 194). 물론 그런 이론적 구상은 홉스와는 구분되는 것이다. 홉스에게 절대국가는 공적 영역에선 전능하지만 사적 영역에선 개인의 자유를 존중하며 따라서 개인의 가치관에는 개입하지 않는다. 그러나 슈미트의 총체적 국가는 공사의 구분 없이 모든 영역에서 관철되는 권력이며, 따라서 개인의 사상과 사적 영역의 행위까지도 자신의 적용 대상으로 본다.

이런 군주의 절대성과 총체적 국가 주권에 대한 슈미트의 이론적 정당화는 정치적 개념들이 신학적 정당화를 거쳤을 때에야 비로소 이해될 수 있다는 그의 고유한 정치신학적 관점에서 비롯한다. "현대 국가이론의 모든 현저한 개념들은 세속화된 신학적 개념들이다." (Schmitt, 1993: 43) 그가 "주권 개념의 사회학"이라고 부르는 관점에 따르면 하나의 특정한 시대가 세계로부터 만들어내는 신학적, 형이상학적 상은 그 시대의 정치적 조직과 동일한 구조를 갖는다. 실례로 데카르트와 홉스가 당대 형이상학을 대변하던 17세기 유럽에선 절대주의적, 결단주의적 주권 개념이 부흥을 맞는다고 슈미트는 지적한다. 유일신 사상이 여전히 맹위를 떨치던 그 시기에 형이상학자들은 세계를 설계한 단 한 명의 건축가를 증명하려고 시도했으며, 그런 관점은 단 한 명의 입법자라는 주권자의 표상으로 이어졌다(Schmitt, 1993: 51). 그 시대에 절대왕정이 등장하고 주권 개념이 장 보댕과 홉스를 중심으로 발전한 것은 모두 당시 신학적, 형이상학적 세계관과의 관계에서만 이해될 수 있다.

이 같은 분석을 통해 슈미트는 자신이 주권자의 절대성을 주창한 17세기 주권 개념을 이어받고 있음을 암시한다. 그러나 이후 독일 바로크 비애극을 연구하던 벤야민이 17세기 주권 개념을 다른 각도에서 재조명함으로써, 주권 권력과 예외상태에 대한 논의는 새로운 전환을 맞는다.

벤야민의 〈독일 비애극의 원천〉(1928)

1930년 12월 9일 벤야민은 슈미트에게 편지 한 통을 보낸다. 편지에서 벤야민은 자신의 저작이 얼마나 슈미트에게 빚지고 있는지를 다음과 같이 서술한다.

"존경하는 교수님, 당신은 요 며칠 출판사로부터 저의 책 〈독일 비애극의 원천〉을 받으셨을 겁니다. (…) 그 책이 17세기 주권 이론의 서술에서 얼마나 많이 당신에게 빚지고 있는지를 당신은 매우 빨리 알아보실 것입니다. 그와 별도로 말하고 싶은 것은 제가 당신의 국가철학적 연구 방법을 통해 저의 예술철학적 연구 방법을 확인할 때 당신의 후기 저작들, 무엇보다도 〈독재론〉으로부터 그것을 차용했다는 것입니다."(Benjamin, 2013c: 887)

유태인 좌파 지식인인 벤야민이 보수적인 국가철학자이자 훗날 나치 당원이 되는 슈미트에게 보낸 이 신앙고백은 매우 충격적이어서 그의 지지자들은 어리둥절했다. 그 때문에 벤야민의 친구였던 게르숌 숄렘과 아도르노는 그의 편지들을 출판하는 과정에서 그 편지를 고의로 생략해버렸다. 이후 그 편지가 벤야민 전집에 실려 출판됐을 때 학계는 그야말로 충격에 휩싸인다. 편지가 일으키는 센세이셔널함을 뒤로하고 다음과 같은 질문을 던져보자. 벤야민은 바로크 비애극을 연구할 때 어떤 "연구 방법"을 슈미트로부터 차용했나? 그것과 그의 17세기 주권론 분석은 어떤 관계가 있나?

전통적인 합리주의 법학에선 예외는 학문의 관심사가 아니고 오직 정상 상태만이 학적으로 다뤄진다. 그러나 슈미트에 따르면 예외 상태의 힘은 그런 합리주의적 표상이 전제하는 통일성과 질서를 무너뜨린다. 이제 슈미트는 예외를 분석하는 학문적 의미를 다음과 같이 일반화한다.

"예외는 정상적인 경우보다 더욱 흥미롭다. 정상은 아무것도 입증하지 못하고, 예외는 모든 것을 입증한다. 예외가 규칙을 확인할 뿐 아니라, 규칙 전체가 오로지 예외를 통해서만 존립 가능하다. 예외 속에서 현실적 생명의 힘은 반복 속에 굳어진 기제의 껍질을 부숴버린다."(Schmitt, 1993: 21)

이 구절은 두 측면에서 벤야민에게 영향을 미쳤을 것으로 짐작된다. 첫째, 연구 방법의 면에서, 예외를 분석하면 예외와 정상 모두를 포괄하는 보편적 관계망을 조망할 수 있다는 슈미트의 방법론은 이념이 극단들 속에서 개시되므로 극단을 분석해 개념 평준화의 보편성을 넘어선 이념의 짜임 관계(Konstellation)를 찾아야 한다는 벤야민의 생각으로 이어진다. 둘째, 예외상태 속에서 기존의 틀을 부수는 생명의 힘의 형상은 신화적 폭력에 의해 죄지은 자로 낙인찍힌 벌거벗은 생명이, 자신의 "진정한 예외상태" 속에서 또 다른 주권자이자 메시아로 발현되리라는 전망으로 이어진다.

〈독일 비애극의 원천〉에서 서술 대상이 되는 이념은 바로 독일 바로크 비애극이다. 벤야민은 바로크극을 살피다가 "그 시대를 표현하는 역사적 삶"의 모습을 극에 등장하는 군주, 주권자의 모습에서 발견한다. 슈미트의 방법대로 '극단'을 향해 전개되는 개별적 사건들(이 경우 바로크극의 군주의 형상들) 속에서 해당 시대의 새로운 주권 개념을 탐구하던 벤야민은, 17세기 바로크극에서 표현된 주권자의 형상은 슈미트가 칭송하던 17세기 주권 개념과 전혀 다른 양상을 보인다는 사실을 발견한다. "현대 주권 개념이 최상의 군주적 집행 권력을 추구할 때, 바로크 주권 개념은 예외상태의 담론으로부터 발전하며, 그 예외상태를 배제하는 것을 군주의 가장 중요한 기능으로 만든다." (Benjamin, 2013a: 245)

바로크 시대의 주권 개념에서 군주는 예외상태를 배제하고 차단하는 것을 통치 과제로 설정한다. 따라서 주권자는 예외상태를 결정하는 자가 아니라 배제하는 자를 말한다. 그것은 이중의 배제를 말하는데, 그 구절에서 벤야민은 두 번에 걸쳐 'aus'라는 접두어를 사용해 (예외상태Ausnahmezustand, 배제하다ausschließen) 그 의미를 극대화한다. 예외라는 외부('aus'는 원래 밖으로 끄집어낸 것을 표현할 때 사용하는 전치사다)를 외부화함으로써(부정을 이중 부정함으로써), 예외를 배제함으로써만 주권자는 자신의 권좌를 보존할 수 있다.

이를 자세히 살펴보자. 벤야민의 관점에서 바로크 드라마의 결정적 특징은 바로 '주권의 부재'에서 발견된다. 벤야민이 묘사한 17세기는 멜랑콜리의 시대, 초월적 구원에 대한 낙관이 사라진 시대다. 그렇듯 구원 가능성을 상실한 역사적 과정은 종말론적 관점, 즉 내세가 언젠가 종말에 이르고 구원과 심판의 시기가 오리라는 전통적 기독교 역사관의 상실을 의미한다. 이제 바로크극에서는 갈등을 봉합해 해소하고 극의 결말을 (전통적이고 아리스토텔레스적인 의미에서) 카타르시스와 종결로 이끌 데우스 엑스 마키나Deus ex machina는 더 이상 등장하지 않는다. 갈등 속에 서 있는 군주는 말 그대로 갈등하는 나약한 인간일 뿐이다. 여기서 연극은 드라마적 요소의 변화로 이어진다. 즉 서사적이고 목적론적인 요소가 줄어드는 대신 주인공으로 등장하는 군주의 연약한 내면이 극의 흐름을 이끈다(Weber, 1992: 9).

그런 이유로 바로크 비애극에서 군주는 더 이상 초월적 신의 형상이 아니라 순교자와 동일한 구조로 그려진다. 주권자(군주)는 신이 아니라 순교자인 것이다. 군주와 순교자는 모두 세계의 내재성으로부터 벗어나지 못한다. 심지어 광폭한 통치를 자행하는 폭군의 경우도 마찬가지로 결코 초월적으로 자신의 의지를 세계에 강요하지 못하고 세계의 내재성 속에 위치한다. 폭군과 순교자는 동일한 야누스적인 인물들이다. 폭군의 이야기는 이내 순교자의 비극으로 전도된다. 권력에 도취된 폭군은 신이 부여한 무제약적 위계질서의 희생자로, 가련한 인간으로 그려진다(Benjamin, 2013a: 250). 그는 자신의 운명을 지배하는 자가 아니라 정해진 운명 속에서 고독과 슬픔을 주체하지 못하는 연약한 인간일 뿐이다.

이런 바로크 비애극의 군주 인물관으로부터 벤야민은 "지배자의 권력과 지배 능력 사이의 안티테제"(Benjamin, 2013a: 250)를 확인하고 그로부터 바로크 시대 주권 이론의 독자적 특징을 찾아낸다. 바로크극에서 그려지는 폭군은 모두 몰락하기 마련인데 그때 폭군의 인격적인 무기력과 타락은 그가 구현하는 신성 불가침한 권력의 표상과 모순된다. 그가 가진 권력과 반대로 지배자 자신은 앉아 있는 권좌에 의해 조종돼 인격적으로 타락하는 연약한 인간상이다. 즉 지배자(폭군)의 결정의 무능력이야말로 바로크 시대 주권 이론의 결정적인 특징이며, 그 때문에 바로크 시대 군주는 초월적인 자리에서 예외상태를 선포하는 자가 아니라 예외상태를 두려워하며 그것을 배제하기 위해 온 힘을 동원하는 무기력한 존재에 불과하다. 그런 모순이 바로크 비애극의 무한한 매력을 나타낸다고 벤야민은 주장한다(Benjamin, 2013a: 251).

이런 모순 속에서 군주 또는 폭군은 두려워하는 자이고, 그가 두려워하는 것은 자기보다 더 거대한 힘으로 자신의 권력을 위협하는 예외상태다. 그 때문에 군주는 모든 역량을 예외상태를 차단하는 데 사용한다. "폭군의 과제는 예외상태 속에서 질서의 회복이다. 이는 하나의 독재인데, 그런 독재의 유토피아는 요동치는 역사적 사건의 자리에 자연법칙의 완전한 체제(헌법 Verfassung)를 정립하는 것으로 언제나 남아 있다."(Benjamin, 2013a: 253) 이제 예외상태(법 중단)를 기적(자연법칙 중단)에 비유한 슈미트적 주권자의 형상은 바로크 비애극 속에서 부정된다. 주권자가 독재를 행하는 것은 모든 수단을 동원해 예외상태를 막기 위해서다.

이 모순을 좀 더 살펴보자. 바로크극에서 주권적 상태는 천지창조의 상태로 그려진다. 그 상태에서 군주는 아담의 직접적인 후예로 자신을 정당화하고 따라서 생사여탈권을 포함해 모든 권력을 행사하는 존재가 된다. 그러나 동시에 천지창조의 상태라는 가정 속에서 주권자 역시 신 앞에서는 피조물일 뿐이다(Benjamin, 2013a: 264). 따라서 주권자 역시 내세에 귀속돼 있고 그를 포함한 모든 피조물을 창조한 신의 초월성에 복종해야 한다. 군주 역시 "운명"에 내맡겨진 존재다. 어떠한 역사적 사건이 마치 자연 필연적인 것인 양 거부할 수 없는 압도적 힘으로 우리 앞에 놓여 있을 때 우리는 그것을 운명이라 부른다(Benjamin, 2013a: 308). 군주가 하나의 피조물에 불과한 이상 그 역시 운명 앞에서는 무기력한 존재다. 군주는 멜랑콜리에 빠진 자의 범례를 제공한다(Benjamin, 2013a: 321). 피조물의 취약성에 종속된 자로서 그는 멜랑콜리를 거부할 수 없다. 멜랑콜리는 공포의 전율을 통해 인간을 지배하는 힘이며, 폭군은 멜랑콜리가 가진 파멸의 힘을 구현하는 모델일 뿐이다. 폭군의 광기와 분노는 그가 멜랑콜리의 노예가 됐다는 증거에 불과하다. 군주 자신이 아니라 멜랑콜리가 지배하는 것이 폭군의 독재인 것이다.

바로크 시대는 인간의 종교에 대한 관심이 최고조에 달한 시기였다. 그러나 동시에 그 시대는 종교적 관심을 두고 종교적 해결이 아니라 세속적 해결을 추구했다(Benjamin, 2013a: 258). 그런 "종교적 관심의 세속적 해결"이란 무엇을 뜻하는가? 그것은 오늘날의 상황에서 어떤 함축은 갖나? 우리는 그로부터 벤야민 자신의 신학적인 관심, 곧 폭군조차도 운명에 복종시키는 초월적 힘에 대한 궁금증이 세속적 해결, 즉 군주의 권력을 제약하는 또 다른 세속적 힘에 대한 관심으로 이어졌다는 추론을 제기해볼 수 있다. 이제 이런 벤야민의 정치신학적 문제 제기, 즉 초월적 힘은 오로지 신의 형상을 부여받은 군주가 아니라 세속적인 메시아의 출현에서 기인한다고 보는 견해는 그의 생애 마지막 유작인 '역사철학 테제'로 이어진다.

이제까지의 논의에서 벤야민의 바로크 비애극 연구가 우리에게 주는 시사점은, 그가 슈미트를 반박하는 과정에서 (아감벤의 표현대로) 예외상태라는 패러다임이 "기적"이 아니라 "파국"(아감벤, 2009: 110)을 의미함을 분명히 밝혔다는 점이다. 그에 따르면 법질서의 외부에서 예외를 선포하는 주권자의 초월적 형상은 따라서 파국을 향해 발을 내딛는 주권자의 자기파멸적 행보를 의미할 것이다.

슈미트의 〈정치적인 것의 개념〉(1927; 1932)

이런 벤야민의 관점과 달리 슈미트는 예외상태 선포를 통해 국가 공동체의 통일성을 확립한다는 이론을 계속 전개한다. 〈정치적인 것의 개념〉에서 그는 적과 동지를 구분함으로써 국가 공동체의 정치적 통일성을 확고히 유지하는 것이 곧 예외 선포의 목적임을 분명히 지적한다. 적은 따라서 우리의 통일성을 성립시키기 위한 구성적 타자를 의미한다. 그 때문에 '누가 적인가?'라는 물음은 부차적이다. 중요한 것은 적을 우리로부터 구별하는 구체적 행위 그 자체이며, 그런 구별 행위 속에서만 정치적 공동체는 통일성을 획득한다. 정치는 따라서 연합과 분열이 교차하는 갈등의 장이고, 적과 동지의 구분은 그런 갈등이 최고도로 표현되는 행위다. 따라서 슈미트는 이렇게 말한다. "적과 동지의 구별은 결합과 분리, 연합과 분열의 가장 극단적인 강도를 표시한다는 의미를 갖는다."(Schmitt, 1991, 27)

그런 논의를 〈정치신학〉에서 구체화된 예외상태 이론과의 관계 속에서 독해해보자. 예외상태는 '누가 이 혼란의 주범인가? 누가 우리 안의 '적'인가?' 하는 물음을 던진다. 정치적인 것을 피아 식별의 규정 행위로 파악하는 식으로 슈미트는 벤야민이 염두에 두고 있는 법질서 외부의 순수 폭력이라는 생각이 궁극적으로 주권자의 결정 행위에 포섭되리라는 자신의 생각을 좀 더 급진적으로 전개한다.

자유주의적, 규범적, 절차적 의미에서 (삼권분립 등을 통해) 정치권력의 남용을 규제할 장치들이 적의 대면이라는 필연성 앞에 굴복할 정도로 적과 동지의 관계가 극대화될 때, 예외는 정치의 본질적 계기로 드러난다. 예외상태 선포가 적과 동지의 구분이라는 정치적인 것 고유의 행위와 어떻게 연결돼 있나 하는 것은 슈미트의 교전권(jus belli) 정의(Schmitt, 1991: 48)에서 분명히 드러난다. "특정한 경우에 결단을 통해 적을 규정하고 적과 싸우는 실재적 가능성"으로서 교전권은 타인을 적으로 규정할 수 있는, 국가만이 가진 초월적 권한이다. 여기에는 두 가지가 내포해 있다. 첫째, 국가가 국민들에게 죽음을 각오하라고 요구할 권한. 둘째, 적 진영에 있는 인간들을 살해할 권한.

국가가 이와 같은 정당성을 부여받는 이유는 그것을 통해 "평온, 안정 그리고 질서"를 확립할 수 있기 때문이다. 그런 내적 평화의 필요성에 따라 위급한 상황에서 국가는 "내부의 적"(Schmitt, 1991: 46)을 규정하게 된다. 그런데 내부의 적을 선언한다는 것은 동시에 내전이 국가의 운명을 결정하게 된다는 것을 뜻한다. 결국 슈미트의 관점에서 전시라는 예외상태 선포의 참된 목적은 외부에 있는 적을 제거하는 데 있는 게 아니라 정치 공동체의 평화와 안정를 달성하는 데 있다. 전쟁권이라는 초월적 권한은 결국 '외부'가 아니라 '내부'를 겨냥한 것인 셈이다.

따라서 주권자의 예외상태 선포는 전쟁과 같은 외적 요소를 법질서 내부에 끌어들임으로써, 그리고 내부의 적을 규정해 공동체 내부에서 적과 동지를 가려냄으로써 기존 정치 질서의 안정과 지배권의 확립을 꾀하는 통치 기술과 다름없다. 그렇다면 그 예외가 진정한 예외가 아니라 하나의 통치 기술로서 상례화된 사건에 불과함을 다시금 누군가 선포한다면, 정치 질서의 확립이라는 주권자의 의도는 와해되고 말 것이다.

벤야민의 '역사철학 테제'(1940)

슈미트가 강조한, 주권자의 예외상태 선포와 내부의 적 규정을 통해 정치적 통일성을 확보한다는 생각은 나치즘에 이르러 그 구체적 현실성을 얻게 됐다. 그는 나치당에 가입했다. 이후 나치즘과 거리를 두기는 하지만 그의 나치 전력은 오랜 기간 그의 학술적 이력의 발목을 잡았다.

같은 기간 벤야민은 유태인 망명자로서 나치즘의 박해를 피해 프랑스로 피신했다. 독일이 프랑스마저 점령한 뒤에는 비밀경찰을 피해 프랑스에서 스페인 국경을 건너다가 이에 실패하자 1940년 자살로 생을 마감한다. 그가 남긴 생애 마지막 저술인 '역사의 개념에 관하여(역사철학 테제)'의 8번째 테제에서 다음과 같이 쓰며 그와 슈미트 사이에 벌어진 논쟁에 다시금 자신의 고유한 입장을, 이번에는 훨씬 더 강한 어조로 피력한다.

"억압받는 자들의 전통은 우리에게, 우리가 사는 '예외상태'가 상례가 됐다는 점을 가르쳐준다. 우리는 이에 상응하는 하나의 역사 개념에 도달해야 한다. 그럴 때라야 진정한 예외상태를 촉발하는 것이 우리의 과제로서 우리 앞에 놓이게 될 것이다."(Benjamin, 2013b: 697)

히틀러가 집권한 뒤 제3제국 독일은 즉각적으로 바이마르공화국의 법을 효력 중지한다. 히틀러의 집권 기간 중 이 긴급조치는 해제된 적이 없으므로 아감벤이 지적한대로 "법률적 관점에서 제3제국은 12년 동안 지속된 예외상태로 간주될 수 있다."(아감벤, 2009: 15) 벤야민은 그 점을 인식했던 것이 분명하다. 그 때문에 그는 일상, 즉 상례가 된 예외상태가 전체주의의 본질적 지배 방식이라는 사실을 지적한다. 그리고 그는 그렇게 예외가 실은 예외가 아니라 상례화된 일상적 질서의 다른 이름에 불과함을 간파하는 것이 바로 억압받는 자들의 관점이라고 말한다.

이런 '일상화된 예외상태'에 대한 지적, 그리고 주권자의 관점이 아니라 피억압자의 관점에서 나오는 예외 부정은 벤야민과 슈미트가 결정적으로 분기되는 지점을 나타낸다. 슈미트에게서 예외는 일상화될 수 없는 것이다. 예외는 상례가 되는 순간 즉각 효력을 잃고, 주권자는 더 이상 그런 결정을 내릴 수 없을 것이기 때문이다. 즉 예외가 일상이 돼버렸다는 것이 공공연해지는 순간 주권자는 사회를 통제하는 것이 더 이상 불가능해진다. 벤야민은 이제 전체주의의 지배에 이르러 예외가 일상이 된다고 봄으로써 다음과 같이 두 가지 양극적인 가능성을 읽어낸다.

첫째, 예외상태의 일상화는 현대사회에서 법적 지배가 본질적으로 예외라는 자신의 외부에 의존할 수밖에 없음을 드러내는 현상이다. 일상이 된 예외 속에서만 주권자는 하나의 주권적 공동체를 안정적으로 자신의 지배하에 둘 수 있다. 둘째, 예외상태의 일상화는 과연 이것이 정말로 예외상태인가 하는 의구심을 피억압자들 사이에 불러일으킨다. 예외가 일상이 됐다면, 예외에 주어진 고유한 주권자의 권한은 의문시된다. 슈미트가 우려했던 것은 그 지점이다.

이제 벤야민의 '진정한 예외상태' 개념은 피억압자가 예외상태를 전유해야 한다는 결론을 낳는다. 물론 이것이 구체적으로 어떤 상황을 지칭하는가 하는 것은 해결된 물음이 아니다. 아감벤은 〈호모 사케르〉에서 '진정한 예외상태' 개념이 초기 벤야민의 '신적 폭력' 개념과의 관계 속에서 해석돼야 한다고 주장하며 그 개념에 대한 정치신학적 해석의 대표자로 위치한다. '벌거벗은 생명'을 '호모 사케르'라는 생명정치적 개념으로 발전시킨 그는 자신의 고유한 해석을 통해 벤야민의 이론을 확장한다. 법적 폭력이 근원적으로 '벌거벗은 생명'을 죄 짓게 만든다는 '폭력 비판론'에서 벤야민의 언급을 차용한 그는 법질서를 통해 지배하는 주권 권력의 근원적 형식이 생명에 대한 추방령, 즉 "순수한 내버려짐의 형식"(아감벤, 2008: 123)에 있다고 주장한다. 그렇다면 법의 외부에 존재하는 신적 폭력이란 그 추방령의 해체, 그리고 생명에 대한 추방도 배제도 없는 관계의 창출과 동의어가 될 것이다. 그는 벤야민의 신적 폭력 개념과 주권적 폭력(벤야민의 용어로는 "운명적" 또는 "신화적 폭력")의 관계는 벤야민이 '역사철학 테제'에서 발전시킨 '진정한' 예외상태와 '잠재적' 예외상태의 관계와 동일한 구조를 갖는다고 해석한다. 그런 논의에 따르면 신적 폭력과 진정한 예외상태는 같은 것이며, 법과 폭력의 연결을 해소한다는 점에서 그것은 법의 완성이자 해소를 지칭한다(아감벤, 2008: 135).

그런데 필자가 아감벤에 대해 제기하고 싶은 질문은 과연 청년 벤야민의 신학적 사유에서 비롯하는 '신적 폭력'에 대한 단상이 '진정한 예외상태' 개념과 같은 위상을 가질 수 있나 하느냐다. 왜냐하면 생애 말기에 구체적인 전체주의의 위력을 접하는 중에 나온 사유의 산물인 '진정한 예외상태' 개념이 청년 시절 신학적 사유에서 비롯한 '순수 폭력'으로서 '신적 폭력'과 어느 정도까지 직접적으로 동일시될 수 있나 하는 것은 여전히 해석의 여지를 남기는 미완의 물음이기 때문이다.

예외가 일상이 된 순간에는, 예외상태를 선포하려는 주권자의 시도에 맞서 그런 예외가 예외가 아니라 일상이 된 주권자의 지배 의지에 불과함을 피억압자의 측면에서 선포하려는 시도 역시 등장할 가능성이 있다. 예외상태 자체가 정치적 갈등의 장을 형성하는 것이다. 필자가 보기에 '진정한 예외상태'에 대한 벤야민의 구상은 법 외부에 있는 '순수 폭력'이라는 형상을 넘어, 예외상태를 둘러싼 (주권자와 피억압자 사이의) 갈등의 장 속에서 피억압자들이 자신들의 고유한 예외상태를 선포하는 (메시아적) 가능성을 고민하며 나온 결론으로 읽혀야 한다.

예외상태, 역예외상태, 대항 주권

필자가 예외상태를 정치의 존재론적 조건으로 부르고자 한 것은 예외상태의 상례화 경향이 비단 20세기를 특징지은 전체주의 체제들뿐 아니라 발전된 민주주의 국가에서도 매우 빈번히 등장해 일상적 정치 질서와 관계를 일순간에 전복하고 사회를 법의 외부와 내부가 구별되지 않는 식별 불가능의 영역으로 이끌고 가기 때문이다. 그렇게 예외상태가 정치적 과정의 한계 개념으로서 등장하는 상황에서, 예외를 분석함으로써 정상적인 정치적 상황까지 이해할 수 있다는 슈미트의 관점은 통찰력을 드러낸다. 현대사회의 일상적이고 정상적인 정치적 일정들은 언제든 예외상태가 도래하면 근본적으로 흔들릴 수 있는 취약성을 내포하고 있다. 슈미트는 그 때문에 예외상태를 주권자의 절대적이고 초월적인 역량이 (스피노자의 표현을 빌리자면) 능산적 자연의 형태로 발현되는 공간으로 이해한다. 즉 예외상태는 주권자의 역량으로 꽉 찬 공간이다.

그러나 아감벤은 이런 슈미트의 관점을 반박하며 예외상태를 "텅 빈 상태"로 정의한다. "예외상태는 독재 모델에 따른 권력의 절정 상태, 즉 법이 충만한 상태가 아니라 법이 텅 빈 상태, 즉 법의 공백과 정지로 정의된다."(아감벤, 2009: 95) 예외상태 개념을 법의 해소로 귀결하려는 아감벤의 구상과 맞물려, 그런 생각은 일상과 구분되지 않는 상례화된 예외상태에서는 법의 위반과 법의 준수가 구별되지 않기 때문에 궁극적으로 법이 해소되는 길을 열어놓는다는 귀결로 이어진다. 이는 법질서가 현대 정치 체계에서 스스로를 끝없이 유예함으로써 실은 자기해소를 준비하고 있다는 것으로 읽힌다. 그러나 벤야민이 언급한 '상례로서 예외상태'와 '진정한 예외상태'를 하나의 동일한 구조를 갖는 과정으로 해석하는 이런 관점은 두 예외 사이에 존재하는 커다란 차이를 제대로 규명하지 못한다.

예외상태는 슈미트가 말하듯 주권 권력이 모든 형태의 폭력을 법내로 자기화하는 공간도 아니고, 아감벤이 말하듯 텅 빈 공간 역시 아니다. 그것은 슈미트적인 주권 권력이 벤야민적인 신적 폭력과 끝없이 대립하며 투쟁하는 '변증법적' 공간이다. 예외상태는 충만한 공간이지만, 주권자의 전능한 권력으로 충만해 있는 것이 아니라 대립과 투쟁으로 가득 찬 공간이다. 예외상태는 그런 의미에서 동시에 스스로 충만해질 수 없는 지점이고, 주권 권력의 자기 내 모순, 즉 스스로 제기한 요구와 자신의 실재 사이의 불일치, 비동일성이 드러나는 지점이다. 이미 법의 형태로 현시하는 주권 권력이 법에 명시된 권한을 넘어 법의 '외부'를 통해서만 자신의 권위를 드러낸다는 것은 주권 권력이 자신의 '외부'에 의존한다는 것, 따라서 주권 권력 자신이 초월적이거나 절대적이지 않다는 것을 반증한다.

주권자에게 예외상태는 자기 주권의 현시일 뿐 아니라 주권의 보존을 위한 투쟁이기도 하다. 즉 주권자에게 예외상태란 벤야민의 용어로 '법 보존'을 위한 '법 정립'일 뿐이다. 이는 결국 법적 폭력의 신화적 순환에 불과하다. 주권자는 그 자체로 전능한 권력자가 아니라 예외상태의 순환적 폭력에 의존하는 존재, 그런 의미에서 피조물일 뿐이다. 그런 상황에선 어떠한 주권자도 진정한 의미에서 '주권적'이라고 할 수 없다(Figal, 1992: 264).

이런 맥락에서 예외상태 속에서 벌어지는 갈등 중에 역예외상태의 형태로 등장하는 또 다른 형태의 권력을 '대항 주권'으로 부를 수 있을 것이다. 이때 역예외상태란 주권 권력이 선포하는 예외상태가 예외가 아님을, 그것이 실은 이미 지배의 메커니즘이 된 상례(규칙)임을 역으로 선포하는 행위를 의미한다. 그것은 법을 무력화하는 예외상태가 아니라 주권 권력이 선언하는 예외상태(법의 무력화) 자체를 무력화하는 행위이고, 그런 행위 자체가 또 다른 의미의 예외상태를 낳는다는 점에서 역예외상태라 부를 수 있다. 그 역예외상태를 선언하는 주권자는 그러나 더 이상 기존의 주권 권력(제정된, 구성된 권력)이 아니라 기존 권력에 대해 변화를 실행하는 구성 권력으로서 대항 주권이다.

이런 점에서 아감벤의 다소 나이브한 결론, 즉 법이 궁극적으로 소멸하든지, 아니면 스스로 무력화되어 결국 “언젠가 인류는 마치 어린 아이가 쓸모없는 물건들을 갖고 노는 것처럼 법을 갖고 놀 것”(아감벤, 2009: 124)이라는 표상은 한계를 갖는다. 언젠가 도래할 ‘법 없는 태고적 상태’에 대한 상상은 법을 둘러싼 현실적인 정치적 갈등 과정을 이론화할 수 없다. 그런 귀결은 사회적 갈등 과정을 “탈정치화(depoliticizing)”하기 때문이다(Huysmans, 2008: 177).

아감벤은 주권을 그 자체로 법적 지배의 전체주의적 성격의 맹아로 전제하기 때문에, 주권에 맞서는 주권, 예외상태에 ‘맞서는’ 예외상태의 출현에 대해서는 이론화하지 못한다. 진정한 (대항 주권으로서) 주권은 예외를 선포함으로써 법을 무력화하는 주권 독재의 시도에 맞서 법의 규범적 이념을 방어하는 형태로 출현할 수도 있고, 현행 법체계를 변혁하려는, 또는 지키려는 시도로 출현할 수도 있다. 우리의 정치적 현실은 이렇게 예측 불가능한, 다양한 형태의 갈등이 벌어지는 적대적 실재의 공간이다. 우리가 예외상태 역시 그러한 갈등의 장으로 이해할 때 상례화된 예외상태가 초래하는 민주주의와 전체주의의 식별 불가능한 상황으로부터 민주주의와 대항 주권에 대해 좀 더 분명한 관점을 얻을 수 있을 것이다.

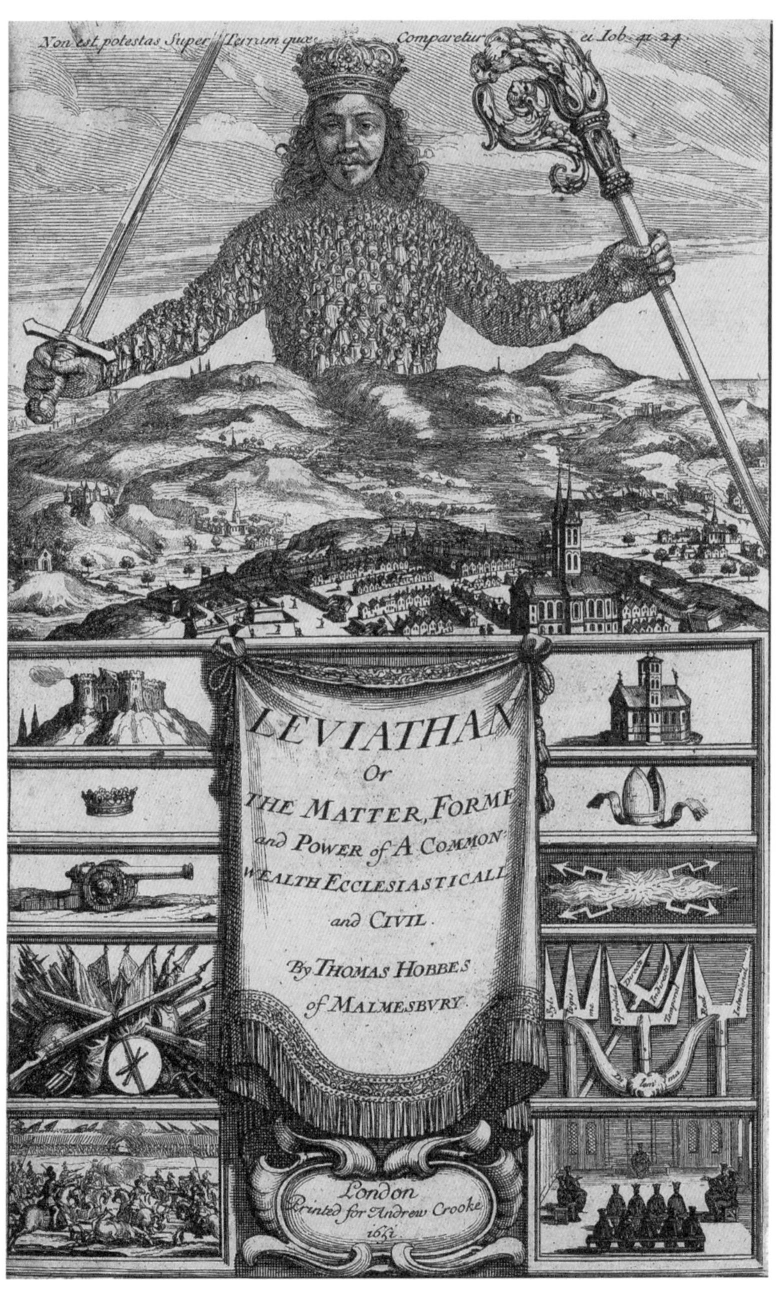

〈리바이어던〉(1651)의 표지. 토머스 홉스의 삽화, 아브라함 보스의 판화

1120~1135년 기슬레베르투스가 조각한 오툉의 생라자르 대성당 입구의 팀파눔. 홉스가 〈리바이어던〉 표지를 그릴 때 인물들의 구성과 배치를 참조했다.

표지 삽화에서 리바이어던의 신체를 이루는 신민들은 자신의 얼굴을 숨기고 군주의 얼굴을 향해 고개를 돌린 모습으로 그려진다. 얼굴의 상실이야말로 주권자에 의해 결속된 '단일한 인민'의 표상에 부합한다.

팀파눔 하단 세부. 그리스도 발 아래에 있는 심판의 천사들

팀파눔 하단에 있는 붙잡힌 영혼들

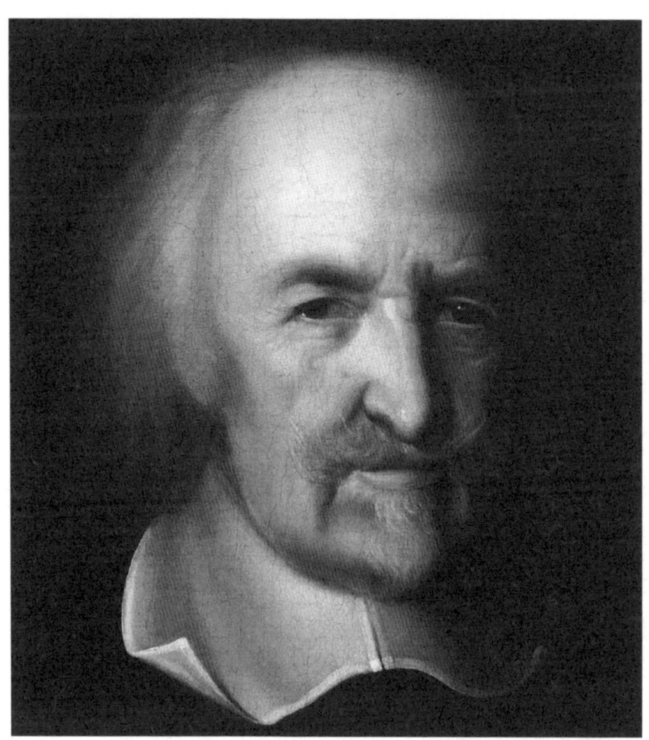

1669~1670년 토머스 홉스(유화 존 마이클 라이트,
소장 런던 내셔널 포트레이트 갤러리)

THOM. HOBBES Nobilis Anglus
Ser. Principi Walliæ à studiis præp.

1647년판 〈시민론〉에 나오는 토머스 홉스
판화(런던 내셔널 포트레이트 갤러리 소장)

PRÆFATIO

nis à natura non habent, confi-
tendum eſt poſſe homines à natu-
ra cupiditatem, metum, iram, cæ-
teroſque affectus habere animales,
ut tamen mali facti à natura non
ſint. Immoto igitur quod jeci
fundamento, oſtendo primò con-
ditionem hominum extra ſocieta-
tem civilem (quam conditionem
appellare liceat ſtatum naturæ)
aliam non eſſe quam bellum o-
mnium contra omnes; atque in eo
bello jus eſſe omnibus in omnia.
Deinde homines omnes ex eo ſtatu
miſero & odioſo, neceſſitate natu-
ræ ſuæ, ſimulatque miſeriam il-
lam intellexerint, exire velle. Id
autem niſi initis pactis, à jure ſuo
in omnia decedant, fieri non poſ-
ſe. Porro quæ ſit pactorum natu-
ra, quo modo jura ab alio in

** 4 alium,

〈시민론〉(1642) 서문에 나오는 'bellum omnium contra omnes(만인의 만인에 대한 투쟁)' 구절. 홉스가 자연상태에 있는 인간 존재에 대해 묘사한 문장이다.

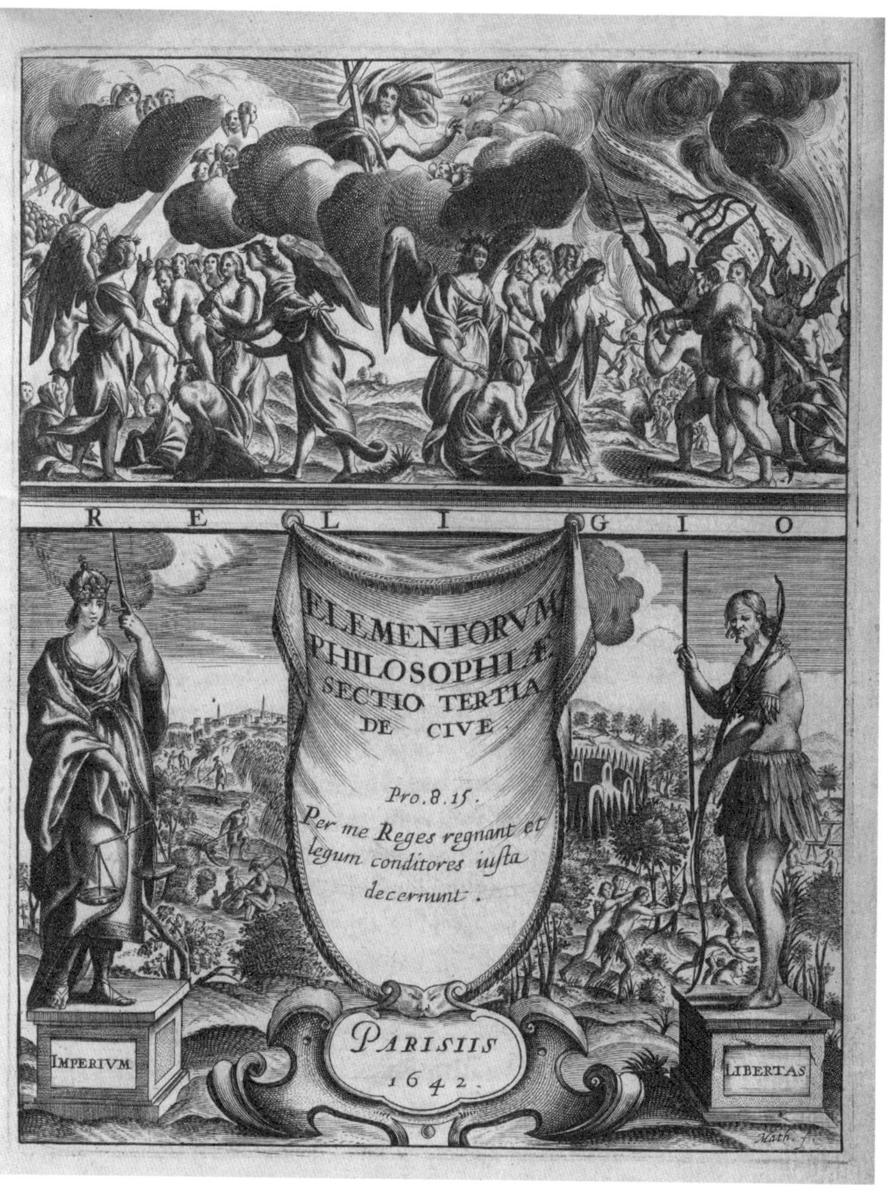

토머스 홉스의 〈시민론〉(1642년, 파리, 초판, 판화 Jean Matheus)

〈시민론〉 표지에서 '종교'라는 제목의 상단 패널은 그리스도가 최후 심판을 관장하는 모습을 보여준다. 천사에 이끌려 천국으로 가는 쪽(왼쪽)과 악마의 삼지창에 찔려 지옥으로 가는 쪽. 하단 패널에선 홉스가 세상에 존재한다고 믿는 두 유형의 사회를 보여준다. 커튼 오른쪽은 홉스의 관점에서 본 '자유'가 만들어내는 사회의 모습. 활과 화살, 몽둥이를 든 사람들이 사냥하듯 다른 사람을 쫓고 또 두 사람이 누군가를 붙잡아 요리해 먹고 있다. 요새화된 도시 뒤에는 사자처럼 생긴 야수들이 숨어 있다. 이는 모든 사람에 대한 전쟁 상태, 생명과 재산에 대한 불안을 말한다. 커튼 왼쪽에는 왕관을 쓴 여성이 한 손에는 칼을, 다른 한 손에는 정의의 저울을 들고 '제국'이라는 이름의 받침대 위에 서 있다. 그녀 뒤에는 리바이어던의 권력이 지배하는 사회, 사람들이 평화롭게 일하며 번영을 누리고 법과 질서가 유지되는 사회가 묘사된다.

1930년대의 칼 슈미트
(그림 The Postil Magazine)

Heft 15 Berlin, den 1. August 1934 39. Jahrgang

Deutsche Juristen-Zeitung

Organ
der Reichsfachgruppe Hochschullehrer
des Bundes Nationalsozialistischer Deutscher Juristen

Unter Mitwirkung der Mitglieder des Reichsfachgruppenrates

Dr. V. BRUNS, Professor in Berlin — Dr. G. DAHM, Professor in Kiel — Dr. Dr. C. A. EMGE, Professor in Jena, Direktor des Nietzsche-Archivs in Weimar — Dr. W. GRAF GLEISPACH, Professor in Berlin
Dr. J. HECKEL, Professor in Bonn — Dr. E. R. HUBER, Professor in Kiel — Dr. W. KISCH, Geh. Justizrat, Professor in München, stellv. Präsident d. Akademie f. Deutsches Recht — Dr. F. KLAUSING, Professor in Frankfurt a. M.
Dr. H. LANGE, Professor in Breslau — Dr. J. POPITZ, Preuß. Finanzminister, Staatsrat, Professor in Berlin — Dr. P. RITTERBUSCH, Professor in Königsberg

herausgegeben vom Reichsfachgruppenleiter
Dr. CARL SCHMITT
Staatsrat, Professor in Berlin

C. H. Beck'sche Verlagsbuchhandlung München und Berlin

Hauptschriftleitung: Berlin W 35, Tiergartenstr. 20 — Schriftleitung und Geschäftsstelle: Berlin W 57, Potsdamer Str. 96

Bankkonto: Deutsche Bank u. Disconto-Ges., Kasse P, Berlin — Postscheckkonto: Nr. 45561 Postscheckamt Berlin NW 7

Die „Deutsche Juristen-Zeitung" erscheint am 1. und 15. jeden Monats. Ueber die Bezugspreise und die Preise für einzelne Hefte vgl. die Angaben auf der 2. Umschlagseite. Bestellungen werden durch den Buchhandel und die Postanstalten sowie unmittelbar durch die Geschäftsstelle Berlin W 57, Potsdamer Str. 96, entgegengenommen.

Alle redaktionellen Sendungen nur an die Schriftleitung Berlin W 57, Potsdamer Str. 96 erbeten. Jeder Einsendung bitte Rückporto beizufügen. Anzeigen-Annahme der DJZ., Berlin W 57, Potsdamer Str. 96, u. bei allen Anzeigenstell. Anzeigenpr.: die 4gesp. Millimeterzeile (Großspalte: 46 mm breit) 22 Pf. Fernspr. B 7 Pallas 2403 u. 2564.

(Nur auszugsweiser Nachdruck und nur mit genauer, unverkürzter Quellenangabe wird gestattet.)

Der Führer schützt das Recht

Zur Reichstagsrede Adolf Hitlers vom 13. Juli 1934

Von Staatsrat, Professor Dr. Carl Schmitt, Berlin

I. Auf dem Deutschen Juristentag in Leipzig, am 3. Okt. 1933, hat der Führer über Staat und Recht gesprochen. Er zeigte den Gegensatz eines substanzhaften, von Sittlichkeit und Gerechtigkeit nicht abgetrennten Rechts zu der leeren Gesetzlichkeit einer unwahren Neutralität und entwickelte

Deutsche Reichstag in lauter Entrüstung damit, daß man einer Partei ihr verfassungsmäßiges Recht, im Heere Propaganda zu treiben, nicht verkürzen dürfe und daß schlüssige Beweise des Hochverrates fehlten. Nun, diese schlüssigen Beweise haben uns die Unabhängigen Sozialisten ein Jahr später ins Gesicht gespien. In beispielloser Tapferkeit und unter furchtbaren Opfern hat das Deutsche Volk vier Jahre lang einer ganzen Welt standgehalten. Aber seine politische Führung hat im Kampfe gegen die Volksvergiftung und die Untergrabung des deutschen Rechts

'지도자(히틀러)는 법을 보호한다'는 제목의 기사가 실린 1934년 8월 1일자 〈독일 법률가 신문〉. 칼 슈미트가 신문의 발행인이자 국무위원, 베를린대 교수로 소개돼 있다.
(사진 Deutsche Juristen-Zeitung)

2. Extrablatt
dner Neuesten Nachri
Dresden, den 31. Juli 1914.

Bekanntmachung.

1. Seine Majestät der Kaiser hat über den ge=
samten Bezirk des 12. (1. K. S.) Armeekorps

den Kriegszustand verhängt.

vollziehende Gewalt geht hiermit auf mich übe

1914년 7월 31일자 독일은 전시 상태(제1차 세계대전)에 돌입한다는 포고문을 알리는 〈드레스덴 최신 뉴스〉 호외 2호. 슈미트는 〈정치신학〉(1922) 첫머리에서 "주권자란 예외상태를 결정하는 자를 말한다"고 정의한다.

〈정치적인 것의 개념〉(1932)에서 슈미트는 정치적인 것의 고유한 분열 원리를 '적대'에서 찾았다. 정치의 본질은 갈등 조정과 화해가 아니라 '적'을 규정해 그에 대항하는 '우리'를 구성하는 적대적 활동에 있다고 말했다.

1930년대 후반 파리 시절의 발터 벤야민(일러스트 thecharnelhouse.org)

발터 벤야민(스케치 Renée)

II

""Zu den bemerkenswertesten EigentÜmlichkeiten des menschlichen Gemüts"", sagt Lotze, ""gehört neben so vieler Selbstsucht im einzelnen die allgemeine Neidlosigkeit der Gegenwart gegen ihre Zukunft."" Diese Reflexion führt darauf, dass das Bild von Glück, das wir hegen, durch und durch von der Zeit tingiert ist, in welche der Verlauf unseres eigenen Daseins uns nun einmal verwiesen hat. Glück, das Neid in uns erwecken könnte, gibt es nur in der Luft, die wir geatmet haben, mit Menschen, zu denen wir hätten reden, mit Frauen, die sich uns hätten schenken können. Es schwingt, mit andern Worten, in der Vorstellung des Glücks unveräusserlich die der Erlösung mit. Mit der Vorstellung von Vergangenheit, welche die Geschichte zu ihrer Sache macht, verhält es sich ebenso. Die Vergangenheit führt einen zeitlichen Index mit, durch den sie auf die Erlösung verwiesen wird. Es besteht eine geheime Verabredung zwischen den gewesenen Geschlechtern und unserem. Dann sind wir auf der Erde erwartet worden. Dann ist uns wie jedem Geschlecht, das vor uns war, eine s c h w a c h e messianische Kraft mitgegeben, an welche die Vergangenheit Anspruch hat. Billig ist dieser Anspruch nicht abzufertigen. Der historische Materialist weiss darum.

1940년 벤야민이 타이핑한 글에 다시 첨삭한 '역사의 개념에 관하여' 2번 테제 원고.
조르조 아감벤의 〈남겨진 시간〉(2000)에 수록돼 있다.

IV

"Trachtet am ersten nach Nahrung
und Kleidung, dann wird euch das
Reich Gottes von selbst zufallen."
Hegel, 1807

Der Klassenkampf, der einem Historiker, der an Marx geschult ist, immer vor Augen steht, ist ein Kampf um die rohen und materiellen Dinge, ohne die es keine feinen und spirituellen gibt. Trotzdem sind diese letztern im Klassenkampf anders zugegen, denn als die Vorstellung einer Beute die an den Sieger fällt. Sie sind als Zuversicht, als Mut, als Humor, als List, als Unentwegtheit in diesem Kampf lebendig und sie wirken in die Ferne der Zeit zurück. Sie werden immer von neuem jeden Sieg, der den Herrschenden jemals zugefallen ist, in Frage stellen. Wie Blumen ihr Haupt nach der Sonne wenden, so strebt kraft eines Heliotropismus geheimer Art, das Gewesene der Sonne sich zuzuwenden, die am Himmel der Geschichte im Aufgehen ist. Auf diese unscheinbarste von allen Veränderungen muss sich der historische Materialist verstehen.

'역사의 개념에 관하여' 4번 테제 원고(1940, 벤야민)

1964년 4월 하이델베르크대 막스베버사회학연구소에서 만난 호르크하이머(앞 왼쪽)와 아도르노. 뒤에는 머리에 손을 올리고 있는 하버마스(오른쪽)와 지크프리드 란츠후트(맨 왼쪽). 사진 Jeremy J. Shapiro

MAX HORKHEIMER
UND THEODOR W. ADORNO

DIALEKTIK
DER
AUFKLÄRUNG

PHILOSOPHISCHE FRAGMENTE

QUERIDO VERLAG N.V.
AMSTERDAM
1947

〈계몽의 변증법(Dialektik der Aufklärung)〉
1947년 암스테르담 초판본

1953년의 레오 스트라우스(사진 Leo Strauss Foundation)

2011년의 에티엔 발리바르(사진 CUNY Academic Commons)

Dr. Doctor Schna- -bel von Rom
Vos Creditis, als eine fabel
quod scribitur vom Doctor Schnabel,
der fugit die Contagion
erautert seinen Lohn darvon
Cadavera sucht er zu fristen
gleich wie der Corvus auf der Misten.
Ah Credite, zihet nicht dort hin,
dann Romæ regnat die Pestin.
Quis non doberet sehr erschreg
für seiner Virgul oder stecken,
qua loquitur, als wär er stumm.
und deutet sein Consilium.
Wie mancher Credit ohne zweifel
das ihn tentir ein schwartzer
Marsupium heist seine Höll.
und aurum die geholte seel.
I. Columbina. ad vivum delineavit.
Paulus Fürst Excud.
Kleidung wider den Tod zu Rom. Anno 1656.
Also gehen die Doctores Medici daher zu Rom, wann sie die, an der Pest erkranckte Per-
sonen besuchen, sie zu curiren und fragen, sich vor dem Gifft zu sichern, ein langes Kleid von ge-
wärten Tuch ihr Angesicht ist verlarvt, für den Augen haben sie grosse Crystalline Brillen, vor der
Nasen einen langen Schnabel voll wolriechender Specerey, in der Hände, welche mit handschuhen
wol versehen ist, eine lange Ruthe und darmit deuten sie, was man thun, und gebrauchen soll.

'로마의 의사 닥터 슈나벨(일명 새부리 의사)'(1656년쯤, 동판화 Paul Fürst).

17세기 흑사병이 창궐했을 때 질병이 공기를 통해 전염된다고 믿던 '흑사병 의사(plague doctor)'들은 스스로를 보호할 목적으로 발목까지 내려오는 오버코트를 입고 넓은 챙이 달린 가죽모자, 새 부리처럼 길게 만든 마스크를 썼다. 마스크엔 필터 격으로 달콤하고 강한 냄새가 나는 허브 등을 채워 넣었다. 마스크는 두 개의 수정 눈과 작은 콧구멍이 달려 있고 향료(허브, 말린 꽃, 장뇌, 해면 등)가 담긴 일종의 방독면이었다. 의사들은 허브 등이 흑사병의 냄새에 감염되지 않게 예방한다고 믿었다. 또 나무로 만든 지팡이로 아무런 접촉 없이 감염자의 옷을 벗기고 만지지 않은 채 맥박을 재 진찰할 수 있었다.

〈호모 사케르〉(1995)에서 조르조 아감벤은 흑사병 환자처럼 정치적 삶에서 배제된 존재로서 '조에zôé'를 지적하며 인간도 짐승도 아닌 삶, 일종의 인간의 동물화가 진행된 추방된 삶을 조명한다.

흑사병 의사(1910, 소장 Wellcome Library)

장자크 망제의 책 〈전염병학 개론(Traité de la peste)〉(1721)에 나오는 흑사병 의사의 모습

칸트의
정치적 독자들

Critik

der

Urtheilskraft

von

Immanuel Kant.

Berlin und Libau,
bey Lagarde und Friederich
1790.

〈판단력 비판(Critik der Urtheilskraft)〉 1790년 베를린 초판본

신자유주의적 방식으로 급속히 재편된 오늘날 사회는 익명성과 획일성, 소외가 확산하는 가운데 점차로 모든 종류의 안정적인 관계의 해체를 경험하고 있다. 그런 상황은 "상호 결속 시대의 종말" 혹은 "사회적 네트워크의 해체와 효과적 집단행동의 주체들의 와해"(바우만, 2005: 21~26)라고 불릴 만한 상황을 초래하고 있다. 그 때문에 많은 사람이 과거의 공동체적 관계가 상징하는 안정적인 유대와 결속의 관계를 그리워하는 정서를 노출한다. 드라마나 영화 등에서 복고풍 콘텐츠들이 유행하는 것도 유사한 맥락이다. 많은 이가 이미 도시개발 중에 소멸된 골목길 문화와 익명성이 커지면서 사라진 '정겨운 이웃'이라는 이미지에 열광적인 반응을 보인다. 그러나 그런 공동체 이미지는 상업적 의도에서 등장한 상상의 산물에 가깝고, 그에 대한 많은 사람의 추억 역시 실재적인 기억에서 비롯하기보다는 공동체적 관계가 부재한 현재의 반영이자 산물로 이해될 수 있다.

사라진 과거의 공동체를 그리워하는 심리에는 '상실된' 공동체에 대한 열망이 존재한다. 그런데 이미 상실된 옛 공동체를 복원하려는 모든 형태의 시도는 (상상된) 조화로운 전근대적 유대로의 회귀를 향한 사회 낭만주의적 희망을 드러내곤 한다(Rosa et al., 2010: 55~60). '미화되는 전통'의 이미지와 과거에 대한 낭만주의적 파토스는 때로 그런 상상된 공동체의 조화를 파괴하는 외국인 이민자들에 대한 민족주의적 분노를 야기하기도 한다. 오늘날 전 세계적 현상이 된, 극우 또는 권위주의 정치 세력, 우익 포퓰리즘의 성장은 그런 '상실된' (민족) 공동체에 대한 반응 현상의 일환으로 이해될 수 있다.

이런 맥락에서 오늘날 다시 제기되는 공동체에 대한 철학적 논의들은 그 근저에 공동체를 이루는 '공통성'은 어떻게 형성되는지를 묻는 근본적인 성찰을 포함해야만 한다. 즉 전통적이고 협소한 의미의 유대와 결속을 이상화하지 않고, 신자유주의적 현대성이 초래한 사회 전반의 해체의 위기를 극복하는 공동체 관련 논의를 전개하는 것이 우리가 직면한 과제라 할 수 있다.

필자는 현대적 공동체의 형성에 전제돼야 할 구성원들의 '공통성(the common)'을 '공통감각(common sense)'에 비춰 사유해보려고 한다. 여기서 말하는 공통감각이란 공통의 혈연과 출생, 언어 등으로부터 형성되는 협소한 테두리의 특수한 정서적 친밀감이 아니라, 사회적 공간 속에 한 시대를 살아가는 구성원들이 공통적으로 경험하는 특수한 삶의 형태들, 문화적 실천들, 역사적 체험이나 트라우마 등에서 비롯하는 정서적 공감 능력을 말한다. 그런 공통감각에 근거해 연대적 관계가 확립되고 참여와 공유의 사회적 네트워크가 생성될 것이다.

그런 의미에서 현대적 공통감각의 형성에 대한 고찰은 도시 구성원들 사이에 정서적 공감 능력이 발생할 조건을 살핀 다음 그 바탕 위에서 배제 없는 참여의 관계망을 성찰해야 한다.

이렇게 감각의 공유로서 공감 능력과 사회적 의사소통 과정에의 배제 없는 참여라는 두 의미에서 '나눔'의 관계를 그 밀접한 상호 연관 속에 표현하고 그를 통해 새로운 도시 공동체적 관계의 구상을 개념적으로 근거 짓기 위해 필자는 '메텍시스methexis'라는 철학적 개념을 공동체적 관계에 대한 정치철학적 전망으로 확장해 고찰해보려고 한다.

플라톤 이래 철학에서 사용되는 희랍어 메텍시스는 '함께'를 뜻하는 'meta'와 '소유하다'를 뜻하는 'hexis'의 합성어로 대개 '참여' 또는 '공유'로 번역되는 개념이다. 랑시에르는 구체적으로 그 단어를 정치 공동체에 대한 논의에 사용하고 아도르노는 다른 맥락에서 사용한다. 필자는 개인주의적 방식의 사회적 원자화와 개체의 고립화, 전체주의적 방식의 집단화 같은 근대 사회 이후 등장한 양극단의 주체화 원리를 넘어서는 새로운 주체화 양식을 고민했던 두 철학자의 문제의식이 그 개념을 매개로 상호 연결된다는 관점에서 논의를 진행할 것이다.

그런데 여기서 우리가 먼저 주목해야 할 철학자는 다름 아닌 이마누엘 칸트다. 왜냐하면 칸트의 공통감각 구상이 새로운 공동체성의 감각적 나눔과 참여(메텍시스)를 이론화할 자원을 제공하기 때문이다. 따라서 필자는 칸트의 공통감각 개념에 대한 아렌트, 랑시에르, 아도르노의 독해를 중심으로 그런 사유를 전개해보려고 한다. 칸트는 공동체가 전제하는 공통성이 어째서 공통감각, 즉 공통의 감각적·정서적 유사성에 기초해야 하는지를 보여준다. 이는 그런 공통성을 가능케 하는 특정한 방식의 시공간의 구조적 분할과 배치를 전제한다.

아렌트는 그런 논의를 소통과 합의를 통한 정치 공동체의 형성에 대한 사유로 이어간다. 반면 랑시에르는 칸트가 전제하는 그런 공통성의 구조가 투명한 절차를 통한 합의에 의해 구성되는 것이 아니라 끊임없는 감각적 분할과 재분할의 과정을 둘러싼, 배제와 참여의 갈등 속에 전개되는 것임을 보여준다. 마지막으로 아도르노는 그런 사회적 분할의 재분할과 정치적 공동체의 형성 과정 속에서 미메시스적 연대의 형태들이 발견될 수 있고, 더 나아가 개별자와 보편자 사이의 탈억압적 관계망을 의미하는 짜임 관계의 형성으로 이어져야 한다는 관점을 제시한다. 이런 논의에 토대해 우리는 전통적 공동체와 구분되는 현대적 방식의 공동체성의 형성 조건과 그것이 갖는 사회·정치철학적 함의들을 전망해볼 것이다.

칸트의 공통감각 개념

칸트의 문제 제기

공통의 정서적 유사성과 그로부터 더 나아가 자유롭고 공동체적인 관계까지 이뤄지려면 그 보편적 조건으로 사회 구성원들 간에 공통감각(sensus communis)이 형성돼야 한다는 이론적 모델은 우선적으로 칸트의 〈판단력 비판〉에서 제시됐다. 책의 서론에서 칸트는 이론적 인식의 근거인 자연 개념과 실천적 도덕법칙의 근거인 자유 개념 사이의 매개자로서 인간의 판단력을 제시한다. 판단력이란 특수한 것과 보편적인 것을 연결하는 사고 능력을 말한다. 여기에는 두 종류가 있는데, 먼저 칸트는 보편적인 규칙, 원리, 법칙에 특수한 현상을 포섭하는 능력을 규정적 판단력으로, 거꾸로 특수한 것으로부터 그를 위한 보편적인 것을 발견하는 능력을 반성적 판단력으로 부른다. 그가 〈판단력 비판〉에서 이론화하려고 하는 능력은 물론 후자를 말한다.

이를 통해 칸트가 던지는 질문은 '무관심적 만족'으로 정의되는 취미판단이 어떻게 가능한가 하는 것이다. 취미판단은 논리적 인식과 달리 개념과 관계하는 것이 아니라 오로지 주체의 미감적·감성적 표상에 근거하는 것이며 따라서 주관적이다. 그런데 만일 모든 사람이 각자 자신만의 고유한 취미를 갖고 있다면 우리는 어떻게 그것에 대해 타인과 소통하고 판단을 내릴 수 있나? 반면 사람들은 실제로 그들의 일상적 생활 속에서 미적인 것과 관련된 취미판단을 다른 모든 사람에게 요구한다. 물론 그것은 개념적 근거를 가진 요구일 수 없다. 미적인 것에 대한 판단은 객관적 타당성을 지닌 개념적인 것이 아니라 주관적인 것이기 때문이다.

그런데 미적인 것에 대한 그런 보편타당성 요구는 언제나 미적 판단에서 본질적인 것으로 남아 있다. 그렇다면 미적인 것과 관련해 개념 없는 보편적 타당성을 요구하는 우리 인간의 성향은 그릇된 것, 가상적인 것에 불과한가?

칸트는 취미를 두 가지로 구분함으로써 이 문제를 해결하려 한다. 그는 사람마다 다른 방식으로 특정한 대상에 느끼는 즐거움과 관련된 취미를 감각취미(Sinnen-Geschmack)로, 모든 사람에게 요구하는 미와 관련된 것을 반성취미(Reflexions-Geschmack)로 부른다. 순전히 사적인 판단인 감각취미와 달리 반성취미는 보편적인 것인데, 그런 미의 보편성 내지 보편타당성에 대한 요구는 논리적인 보편타당성과 구분되는 순수 주관적인, 미감적인 것이다. 그런 특수한 의미에서의 보편타당성을 칸트는 "공통타당성(Gemeingültigkeit)"이라고 부른다(Kant, 1974: 128). 미적 판단에서 그런 공통타당성, 즉 보편적인 동의를 요구하는 것이 가능한 근거는 무엇인가? 객관적인 개념적 근거(기하학적 도형, 생물의 종, 이성의 이념) 없이도 자유롭고 비규정적인 방식으로 형성된 판단 기준이 있을 수 있는 이유는 무엇일까?

공통감각과 공동체적 감각의 이념

칸트는 이런 취미판단이 내세우는 보편성에 필연적 조건이 존재한다고 보고 그것을 "공통감각(Gemeinsinn)의 이념"(Kant, 1974: 157)이라고 부른다. 즉 취미판단은 개념적 근거를 갖지 않는데도 공통적으로 공유되는 감각의 구조에 의한 감각적 유사성에 근거해 다수의 주체들 사이에서 보편적 성격을 획득한다. 그것은 주관적인 원리, 곧 미감과 관련된 준칙이지만 그 준칙은 다수의 주체들 사이에 공유됨으로써 보편성을 획득한다. 그것은 개념의 객관적 타당성 없이도 널리 공유되는 주관적 보편성이다. 따라서 그런 감정은 사적인 것이 아니라 공동체적인 감정이다. 즉 감각적 유사성은 하나의 공동체적 관계 속에서 전달 가능한 판단력의 구조에서 기인하는 것으로, 언제나 특정한 관계의 산물이다.

공통감각을 논의하는 가운데 도입되는 이런 감각의 전달 가능성이라는 전제를 칸트는 흄으로부터 차용한 것처럼 보인다. 흄은 우리가 가진 공감 능력이 타인의 표정이나 대화의 상황을 근거로 타인에 대한 감정이입을 야기한다고, 또 그때 상상력이 결정적 역할을 한다고 보았다. 흄은 이렇게 말한다.

"공감을 통해 어떤 감정이 이입될 때, 먼저 우리는 오직 그 결과를 통해 그리고 표정과 대화 속에 나타난 외적 징표를 통해 그 감정을 갖게 된다. 그 결과와 외적 징표 따위가 그 감정의 관념을 전하기 때문이다. 그 관념은 당장 인상으로 전환되며, 실제 그 정념 자체에 이르게 될 정도로 힘과 생동성을 획득하고 어떤 근원적 감정과 대등한 정서를 산출한다."(흄, 1996: 66)

칸트는 이런 흄의 정념론을 도덕철학에서 배제해야 한다고 주장하지만 동시에 〈판단력 비판〉에서는 흄이 제기한 질문을 미학적 고찰 중에 다시 다루고 있다. 그러나 칸트와 흄 사이에는 결정적 차이가 존재한다. 흄에게 공감과 감정이입은 상상력의 기능이라는 인간학적인 전제하에서 설명될 뿐이다. 흄은 칸트가 이론화하려고 하는 취미판단 및 공통감각의 전제로서 사회적 관계의 조건에는 큰 관심을 두지 않았다. 반면 칸트는 특정한 사회적 관계가 공통감각의 구조적 조건임을 분명히 한다. "경험적으로 볼 때 미는 오로지 사회에서만 관심을 끈다."(Kant, 1974: 229) 칸트에게서 공통감각은 인간의 사회성(사교성)이 빚어낸 귀결로 제시된다. 즉 취미판단 일반은 사회적 관계의 산물이다.

미술관에 가서 회화를 감상할 때 우리는 "이 작품은 아름답다"거나 "아니, 저 작품이 더 낫지 않나?" 하며 각자의 판단을 언어로 표현한다. 이는 미적, 예술적 판단이 일어나게 하는 공통의 공간(전시관, 미술관 등)을 전제하고, 그런 전제하에 비로소 주체와 타자 사이에 공동체적 방식의 감성적 교류가 발생한다. 따라서 미의 판정 기준은 순수 주관적인 것일 뿐 아니라 동시에 공통의, 공동체적 주관적 감정에 기초한다. 이는 하나의 공동체 안에 하나의 감각 기준만이 존재한다는 의미가 아니다. 어떤 사람은 쿠르베의 사실주의 회화를 좋아할 수도 있고 다른 누군가는 피카소의 입체파 회화를 좋아할 수도 있다. 중요한 지점은 그렇게 서로 취향이 다른 사람들 사이에 '토론이 벌어질 수 있다'는 사실 자체에 있다. 즉 그런 대화와 소통, 토론이 가능한 공동체적 기준이 공통감각이라는 형식을 통해 마련된다는 사실이 중요하다. 21세기를 살아가는 우리가 마크 로스코의 회화에 대해 조선시대 사람과 동등한 입장에서 토론하는 것은 불가능할 것이다. 공통감각의 형성은 따라서 공동체적 관계의 사회적·역사적 조건에 의존한다.

이런 맥락에서 칸트는 공통감각을 "공동체적 감각의 이념"(Kant, 1974: 225)이라고 부르며 자기 자신에 대한 반성 속에서 타인의 사고방식을 고려하는 판정 능력이 바로 그런 공통감각에 의존한다고 지적한다. 그로부터 그는 주체가 타인과의 소통을 통해 자신의 자유를 발전시켜나가야 한다는 계몽적 자세를 결론으로 도출한다. 그 이념 속에서 각자는 전체 인간 이성에 자신의 판단을 내맡길 때 자신의 판단에 영향을 미치는 특수한 사적 조건에서 비롯하는 유아론적 환영에서 벗어날 수 있다는 것이 그의 생각이다.

이런 맥락에서 칸트는 세 가지 "인간 상식의 준칙들"의 요소들을 제시하는데, 이는 첫째 "스스로 생각하기", 둘째 "타인의 위치에서 생각해보기", 셋째 "매 순간 자기 자신과 일치해 생각하기"를 말한다(Kant, 1974: 226). 공통감각은 그렇게 자기 스스로 사유할 줄 알아야 한다는 계몽의 이념이 유아론적 자기 인식의 협소함을 넘어 타인과의 소통을 통해 타자의 위치에서 사고하게, 더 나아가 주체의 고립된 위치를 넘어 보편타당한 인식의 지평으로 나아가게 해준다. 미적(감각적) 판단력은 주체와 타자가 공통의 감각적 나눔을 전제로 결합돼 있다는 의식을 각 주체들에게 일깨워줌으로써 주체에게 계몽적 각성을 촉구하고 주체를 자유롭게 만든다. 주체의 유아론적 고립이 칸트에게는 (미성숙에서 비롯하는) 타율적인 상태, 즉 강요된 상태로 이해되므로, 주체의 계몽적 각성과 자유로운 사유는 그런 타율성을 넘어 주체와 타자가 맺고 있는 "공동체적 감각"을 매개로 타자의 입장에서 사유해봄으로써 가능해진다. 즉 그에게서 주체의 계몽적 각성과 타자에 대한 공감은 분리되지 않는다.

따라서 공통감각은 각 주체들 사이에 공통의 상호적인 감각적 유대와 공동체적인 보편적 정서적 유사성이 확립되고 그를 통해 (타율성에서 벗어난) 자유로운 주체들이 소통하는 데 전제로 기능하고 있다. 그런 의미에서 미적(감각적) 판단의 영역인 공통감각은 칸트에게서 미학적 자율성에 한정되지 않고 현실적인 정치 공동체의 원리로 확장되어 주체들의 보편적 관계를 위한 근본 조건으로 이해된다(박지용, 2014: 103). 다시 말해 공통감각은 모든 인간에게 그 자신이 주체로서 인간이면서 동시에 타자인 동료 인간과 (공통감각을 통해 소통하는 인간으로서) 연결돼 있음을, 그런 의미에서 자신이 공동체의 구성원임을 느끼게 하는 감각인 것이다.

이처럼 칸트는 공통감각의 성립이 공동체적 관계의 형성과 불가분의 관계에 있다고 주창해 미적 판단의 원리와 인간들 사이의 정치적 소통 문제를 상호 결합한 철학자였다.

칸트를 읽는 아렌트

칸트에게서 이처럼 고립된 개인의 주관성을 타파해 타인의 입장을 이해하는 능력으로 제시되는 판단력은 상상력이라는 능력을 전제로 한다. 한나 아렌트는 칸트에게서 상상력은 "존재하지 않는 것을 현존하게 하는 능력"(아렌트, 2000: 127)으로 이해된다고 보고, 그 점이 〈판단력 비판〉을 정치철학 저작으로 이해하는 데 핵심적 열쇠가 된다고 보았다. 칸트가 책에서 '반성적 판단력'을 주요 논의 주제로 삼은 것은 그런 점에서 정치적인 의미로 해석이 가능하다. 앞서 언급했듯이 반성적 판단력이란 특수자로부터 보편자로 상승해가는 능력을 말하는데, 그때 '나'의 감각 경험이라는 특수한 사실로부터 타인과 내가 보편적으로 공유하는 감각을 상상해보는 우리 이성의 능력이 전제된다고 할 수 있겠다.

마키노 에이지는 그런 의미에서 칸트의 공통감각을 "정감적(ästhetisch) 이성"(마키노, 2009: 233)에 대한 이론으로 이해한다. 공통감각을 가능케 하는 판단력과 상상력은 우리 이성의 능력이지만 그것은 단순한 사태의 인식을 넘어 주관적인 경험의 보편성을 산출하며 공통의 감각적 유사성을 이루는 확장된 감성적 능력이기도 하다. 인간 이성의 감성적 능력은 인간의 공동체적 관계의 전제 조건이 된다.

결국 칸트의 공통감각 개념은 공동체적 관계의 전제 조건인 공통성 형성이 감각적 구조의 유사성이라는 방식으로 나타난다는 사실을 우리에게 보여준다. 아렌트의 말처럼 "공통감각에 대해 말하자면, 칸트는 가장 사적이고 주관적인 감각인 것처럼 보이는 감각 속에서 주관적이지 않은 어떤 것이 존재하고 있음을 아주 일찍 깨달았다."(아렌트, 2000: 131) 〈판단력 비판〉이 지닌 정치적 의미들을 가장 민감하게 해독해낸 아렌트가 보기에, 계몽주의가 강조하는 비판적 사고는 주체와 타자 사이에 소통 가능성이 존재할 때 비로소 가능하고 결국 공통감각의 공동체성을 전제하는 것이다. 그런 맥락에서 공통감각은 칸트 계몽주의의 근본적 원리이자 전제라고 할 수 있다.

아렌트는 이런 칸트의 미적 취미판단을 정치적인 합의 과정으로 이해한다. 즉 그녀는 칸트의 '무관심적 만족' 개념을 '관찰자 시점'에 서 있는 주체의 '공정한 위치'라는 맥락으로 해석한다. 그로써 칸트의 공통감각 개념을 관찰자 시점의 불편부당성(impartiality)을 전제하는 중립적인 공론장이라는 의미로 해석한다. 아렌트에게서 정치는 말을 통한 행위로서, 폭력 없이도 인간의 갈등을 해소하는 소통을 통해 관계들을 창조하는 인간의 독특한 능력과 관련 있다. 그런 관점에서 그녀는 각자의 사적 입장에서 벗어나 공통의 쟁점을 둘러싸고 소통을 거쳐 합의에 도달하는 인간의 능력에 대한 표상을 칸트로부터 얻고자 한다. 특히 직접 정치적·사회적 쟁점들을 언급한 칸트의 다른 저작들을 제쳐두고 바로 〈판단력 비판〉이야말로 그의 가장 정치적인 저작이라고 해석하는데, 이는 아렌트가 보기에 그의 판단력 개념에서 비로소 고립된 사적 주관성을 넘어서는 보편적인 소통 감각에 대해 이론화가 이뤄지고 있기 때문이다.

그런데 여기서 하나의 질문이 제기된다. 그것은 그렇게 모든 이해(관심)에서 벗어난, 투명하고 중립적인 공론장이 존재할 수 있나 하는 물음이다. 그리고 랑시에르는 그 물음에 부정적 답을 내린다. 그는 감각의 공유는 동시에 분할이기도 하다는 사실을 내세우며 분할을 둘러싼 정치적 갈등이 필연적임을 자신의 이론적 주제로 삼았다. 그에 따르면 "정치적 자유를 사회적 필연으로부터 분리한다고 주장하던 아렌트의 정치적 순수주의는 합의적 질서의 필연성들에 대한 정당화가 된다."(랑시에르, 2008a: 201) 반면 정치는 공통적인 것을 분할하는 과정 속에서 전개되는 갈등과 불화의 형태로 출현할 수밖에 없다. 물론 "아렌트는 정치를 미학의 문제로 제기함으로써 랑시에르가 주장하는 미학의 정치를 일정 부분 선취"(진은영, 2009: 411)한다고 보는 관점도 존재할 수 있지만, 근본적으로 공통감각이 형성되는 과정을 '합의'의 과정으로 보느냐, '불화'의 과정으로 파악하느냐를 두고 두 이론가의 해석은 엇갈린다. 그렇다면 이제 랑시에르가 (아렌트의 칸트 해석과 달리) 공동체적 감각을 분할하는 과정과 '불화'로서 정치의 연관 관계에 대해 어떻게 고찰했는지 살펴보자.

칸트를 읽는 랑시에르: 감성의 분할과 메텍시스

정치, 공통적인 것의 분할/나눔

정치의 핵심 문제들 중 하나는 개별자들의 의지 사이에 형성되는 연합과 협력이다. 그때 연합과 그로부터 형성되는 '우리'는 개별자들의 단순한 총합과 달리 이미 주어진 범주로 이해될 수 없다. 그것은 구성돼야 할 어떤 것이다. 따라서 정치는 결국 주체화 양식에 대한 물음으로 귀결된다. 그런데 랑시에르가 보기에 그런 주체화 양식은 분할/나눔과 관련되는 과정을 가리킨다. 그에 따르면 "공통 세계를 함께-나누는 자"(랑시에르, 2016a: 95)인 개인이 정치적 주체화 과정 속에서 나눔의 공동체를 형성하는 것이 정치의 본질적 과제다.

이런 생각은 정치를 이해하는 랑시에르의 독특한 방식에 의거한다. 그에 따르면 인간 접합성에는 두 가지 논리가 있는데 그것은 치안과 정치다. 치안이란 한 집단 안에서 권력과 장소, 기능들의 분할과 분배가 이뤄지고 이를 정당화하는 체계를 말한다. 우리가 일상적으로 '정치'라는 단어로부터 이해하는 내용, 즉 국가권력과 사회제도와 관련된 영역들이 여기에 속한다.

그에게 진정한 의미의 정치는 이런 치안의 논리와 단절하는 새로운 주체화 양식의 등장이다. 다시 말해 정치는 '몫 없는 자들'이라고 규정된 자들이 사회의 기존 분할 방식을 단절하고 새로운 공동체를 출현시키는 과정이다. 그런 생각은 우리말 '나누다'와 마찬가지로, '분할'을 의미하는 동시에 '공유'를 의미하기도 하는 프랑스어 단어 'partage'의 이중 의미 속에 이미 내포해 있다. 기존 사회 체계가 치안의 논리 속에서 보존하려고 하는 특정한 방식의 사회적인 나눔/분할(partage)은, 그로부터 배제된 자들이 공통적인 것의 나눔/공유(partage)를 위해 벌이는, 즉 기존의 분할을 해체해 재분할하고 재구성함으로써 배제 없는 참여의 공동체를 만들려는 노력과 갈등을 빚는다. 정치는 따라서 투명한 합의 절차가 아니라 그런 분할과 나눔을 둘러싼 갈등에 붙어야 하는 이름이다. 그에 따르면 "정치는 우선 공통의 무대에 대한 갈등이고 그런 무대에 현존하는 이들의 존재 및 자격에 대한 갈등이다."(랑시에르, 2016b: 59)

결국 공동체를 이루는 근간이 되는 공통성(the common)은 결코 고정된 것이 아니고, 기존에 치안적인 방식으로 형성된 분할을 재편하고 재구성하는 데에 정치가 갖는 의미가 있다. 이런 논의에서 드러나는 중요한 지점은 (칸트가 개념화한) '공통감각'이 랑시에르가 강조하는 감각의 분할 및 재분할의 전제가 된다는 사실이다. "불화는 이해, 의견 또는 가치의 갈등이 아니다. 그것은 '공통감각'에 표현된 분할, 즉 무엇이 주어져 있는지에 대한, 우리가 무언가 주어져 있다고 간주하게끔 하는 틀에 대한 논쟁이다."(Rancière, 2004: 304) 그런 의미에서 정치는 감각적인 것의 나눔(분할/공유)의 구조와 관련된 개념이며, 랑시에르는 〈판단력 비판〉이 그런 나눔의 구조를 보여주는 저작이라고 본다.

랑시에르에 따르면 〈판단력 비판〉에서는 감각적 능력(aisthesis)의 두 요소가 구분된다. 그중 하나는 주어진 것을 단순히 수용하는 능력이고 다른 하나는 능동적으로 이해하는 능력을 말한다. 두 감각 능력은 위계에 따라 구분되는데, 주어진 공간에서 상상력을 동원해 궁전을 설계하는 건축가의 경우 상상력의 도움을 받아 '지성'이 주어진 감각을 포섭하므로 감각을 이해하고 의미를 부여하는 능력이 단순히 감각을 수용하는 능력보다 우위를 갖는다. 반면 궁전을 감상하며 소유욕과 자부심, 질투심 등 다양한 '욕망'에 빠지는 사람의 경우는 감각의 수용 능력이 감각을 이해하고 의미를 부여하는 능력을 지배한다.

랑시에르에 따르면 칸트는 여기서 두 감각 능력 사이의 그런 위계와 종속에서 벗어나는 제삼의 이해 방식, 즉 감각적인 것의 나눔을 도입한다. 미감적 판단은 그렇듯 지식으로도 욕망으로도 환원되지 않고 감각 능력의 위계도 일으키지 않는 방식의 감각 능력의 나눔이다. 그리고 감각 능력들 사이의 위계를 거부하는 그런 지각 방식의 구조는 사회적 위계의 중립화-단순한 갈등의 평화적 해소가 아니라 위계적 분할의 거부라는 의미에서 중립화-에 대한 논의에 단초를 형성한다. 즉 미감적 판단은 공동체를 분할하는 방식에서 감각적인 것의 나눔 및 사회적 법칙에서 벗어남을 뜻한다. 랑시에르는 칸트의 공통감각(sensus communis) 논의는 그런 맥락에서 등장한다고 보고 있다(Rancière, 2009: 1~2; 5~6).

이렇듯 랑시에르가 말하는 공통적인 것의 분할은 언제나 그 사회의 감각적 요소의 분할, 배치와 관련을 맺는다. "어떤 공통적인 것의 존재 그리고 그 안에 각각의 몫들과 자리들을 규정하는 경계 설정들을 동시에 보여주는 이 감각적 확실성의 체계를 나는 감성의 분할이라고 부른다."(랑시에르, 2008a: 13) 사회는 특정한 치안의 방식으로 각 개인의 감각적·감성적 요소들을 분할하고 배치하고, 그런 과정에서 개인의 행위는 그것이 이뤄지는 시간과 공간의 분할에 따라 공통적인 것에 참여하기도 하고 배제되기도 한다. 랑시에르에게 중요한 것은 그런 "공통 경험의 정치적 재-분할의 원리"(랑시에르, 2008b: 20)를 정치적으로, 미학적으로 이론화하는 것이다.

그런데 여기서 드러나듯 이미 "분할은 공통의 어떤 것을 전제"하고, 따라서 "이 공통의 어떤 것은 랑시에르 정치철학에서는 공동체, 좀 더 정확히 말하면 공동체에서의 공통적인 부분, 공동체에서의 공적인 영역과 동일시된다."(박기순, 2010: 64~65) 랑시에르가 감각적인 것의 분할(partage du sensible)이 이뤄진다고 규정하는 장소, 사회적 영역과 치안의 공간은 이미 칸트적인 의미에서 하나의 공통감각이 자리 잡은 장소이고, 특정한 시공간적 원칙(칸트의 용어로 말하자면 '선험적 직관 형식')에 따라 개별자들의 감각적 요소들이 규정되는 공통성의 원리가 통용되는 곳이다. 감각적인 공통성의 분할을 재분할하겠다는 것은 따라서 이미 규정된, 현존하는 공통성을 전제하는 셈이다.

그런데 정치적 활동을 "치안 질서의 감각적 나눔을 해체하려는 시위[드러냄]의 양식"(랑시에르, 2016b: 64)으로 정의하는 랑시에르의 관점에서는 이미 형성된 공통감각의 틀은 그것이 배제를 수반하는 치안의 질서로 자리 잡고 있는 한, 그것을 재분할하고 재구성하려는 요구와 갈등을 빚는다. 그 때문에 그에게 공통감각을 하나의 투명한 정치적 합의에 대한 요구로 이해하는 (아렌트의) 견해는 결국 이견을 추방하는 공동체의 상징적 구조화 양식을 정당화하는 것에 불과하다. 그와 달리 랑시에르에게 공통감각에 기초하는 공동체의 공통성은 이견과 불화의 장이기도 하다. "'정치적' 공동체는 실제로 구조적으로 나눠진 공동체다."(랑시에르, 2008b: 179)

그렇다면 공통감각의 공동체적 나눔/분할은 어떠한 의미에서 감각적인 것의 사회적 배치와 연관돼 있나? 그것은 어떠한 의미에서 배제를 낳나? 그런 배제를 극복하려는 시도들은 또 어떠한 방식으로 공동체의 공통감각을 재분할해 새로운 나눔/공유의 관계를 창출하는가? 이제 랑시에르를 쫓아가면서 물음에 답변해보기로 하자.

사회의 감성적 분할과 그것의 재구성

감각적인 것의 분할은 특수한 방식의 시간과 공간의 구성을 전제하며, 이는 공통적인 것에 참여할 수 있는 주체와 그럴 수 없는 주체의 분리를 낳는다. 그때 언어 혹은 이성(로고스)은 사회적으로 분포되는 다양한 감각들 중 의미 있는 것(귀담아 들어야 할 것)과 그렇지 않은 것을 분할하는 역할을 한다. 랑시에르가 제시하는 감각 분할 과정은 칸트에게서 인식의 감각적 질료가 선험적 직관 형식에 의해 구조화되는 것과 유사한 방식으로 진행된다. 그것은 "경험 형식으로서의 정치의 장소와 쟁점을 동시에 규정하는, 시간들과 공간들, 보이는 것과 보이지 않는 것, 말과 소음의 경계 설정"(랑시에르, 2008a: 14)으로 특징지을 수 있는데, 이처럼 분할 과정은 (칸트적 의미에서) 감각을 근거 짓는 시간과 공간의 상징적 배치와 관계를 맺는다. 이를 "랑시에르의 칸트에의 준거"(박기순, 2010: 66)라고 말할 수 있을 것이다. 이를 토대로 보이는 것(볼 가치가 있는 이미지)/보이지 않는 것(볼 가치가 없는 이미지), 말(들을 가치가 있는 소리)/소음(들을 가치가 없는 소리)이 감각적으로 구분된다. 그렇다면 이런 분할 과정들의 구체적인 사례를 어디에서 발견할 수 있나?

첫째, 랑시에르가 언급하는 사회적인 시공간 분할 과정의 사례를 필자는 맑스의 잉여가치 분석에서 찾을 수 있다고 본다. 〈자본〉에서 근대 대공장제하에 나타나는 사회의 병영화를 묘사할 때 맑스는 대공장제가 등장한 뒤 이뤄진 사회의 공간적·시간적 분할 과정을 다루고 있다. 그때 공간적 분할이란 노동자 대중의 공장 내 공간적 집중이나 일터/집 사이의 분할을 말한다. 시간적 분할은 우선적으로 노동시간/비노동시간(일상적 시간) 사이에 이뤄지고, 노동시간은 다시 잉여노동시간/필요노동시간으로 구분된다. 그런 시간적 분할은 잉여노동시간의 상대적 비율을 늘리기 위해 집약적으로 노동시간을 사용하는 방편으로서 다양한 기술적 배치들이 도입되는 것을 뜻한다.

그리하여 다음과 같은 맑스의 서술은 사회의 감각 분할이라는 우리의 주제와 맥을 같이하고 있는 것처럼 보인다. "노동의 주기, 경계, 휴식을 타종 소리에 따라 군사적으로 단일하게 규칙화하는 분 단위

규정들은 결코 의회에서 벌어지는 탁상공론의 산물이 아니다. 그것은 현대 생산양식의 자연법칙으로서 점진적으로 관계들로부터 발전한 것이다."(Marx, 2008: 299) 생산과정에 투입되는 노동자의 신체는 그런 근대적인 시공간 분할과 그것이 초래하는 규율에 적응한다. 그런 방식으로 훈육된 신체의 탄생은 대공장제와 임노동 간 관계가 낳은 감각적인 것의 분할의 귀결이다.

둘째, 보이는 것과 보이지 않는 것의 구분의 사례로 켄 로치 감독의 영화 '빵과 장미'(2000)에 나오는 한 장면을 인용해볼 수 있다. 극중에서 빌딩 청소원으로 취직한 마야에게 일을 가르치던 동료 루벤은 엘리베이터를 청소하는 그들이 보이지 않는 존재인 것처럼 지나다니는 백인 직원들에 대해 이렇게 말한다. "이 유니폼의 비밀이 뭔지 알아? 우리를 안 보이게 만든다는 거야." 금융회사의 고위직 백인 직원들에게 청소부 유니폼을 입고 건물을 청소하는 히스패닉계 이주 노동자들은 '보이지 않는 존재'와 같다. 청소부들이 노조를 결성하고 시위 등을 벌여 자신들의 존재를 알리기 전까지 '보이지 않는 자'로서 그들의 존재는 기존의 감각적 공통성의 나눔/분할 과정에서 몫을 갖지 못한 자들로 배제됐다. 그러나 목소리를 내면서 자신들의 존재가 '보이게' 되고 이후 공동체의 감각적 공통성 속에 참여할 수 있게 됐다. 즉 그들은 자신들의 존재를 보이게 만듦으로써 기존 감각적 공통성의 분할을 재분할하고 새로운 공통성의 나눔/공유에 참여하게 됐다.

셋째, 이런 과정은 랑시에르가 말과 소음의 구분을 설명하기 위해 제시한 1833년 프랑스 재단사들의 파업 사례에서도 확인된다. 그들은 노동 시간과 조건에 관한 자신들의 요구가 묵살되자 파업에 돌입했다. 그때 그들은 자신들 행위의 정당성을 1830년 혁명 직후 공포된 헌장 중 '모든 프랑스인은 평등하다'는 선언에서 발견한다. 그러나 막상 파업이 시작됐을 때 양복점주 협회장인 슈바르츠는 그들의 요구를 묵살한다. 슈바르츠에게 재단사들의 요구는 말(들을 가치가 있는 소리)이 아니라 소음(들을 가치가 없는 소리)이었던 것이다. 마찬가지로 협회 측은 기소하지 않고 노동자들만 법정에 기소한 고등법원 검사장 페르실 역시 그들의 목소리를 소음으로 받아들인 셈이다. 그때 평등을 요구하며 파업을 벌이는 재단사들은 집단적 힘을 행사해 자신들의 발화를 소음이 아니라 말로 인정받는다. 따라서 그들의 파업은 자신들이 '말하는 자'임을 증명하는 힘의 발현이었던 것이다. 그런 방식으로 그들은 '말하는 자들'의 공동체, 모든 발화자의 소리가 소음이 아니라 말로 인정받는 평등한 자들의 공동체와 그런 공동체의 평등한 공통감각적 지각 구조를 형성한다. 재단사들은 스스로 "공통 세계를 함께-나누는 자"로 자신을 긍정하고 감각적 분할을 재분할해 공통감각의 나눔/공유를 실현함으로써 "공동체를 증명"한 것이다(랑시에르, 2016a: 88~93).

이런 랑시에르의 논의에서 고유한 점은, 그가 정치적 해방 과정의 전제를 이루는 이견 표출과 갈등 발생을 위한 조건을 기존 사회적 공통성의 분할이 전제하는 공동체성에서 찾는다는 점이다. 감각을 재분할할 수 있는 것은 이미 그것이 일정한 방식의 '공통성'-물론 배제를 포함하는 불완전한, 분할된(나뉘어 있는) 공통성-으로 현존해 있기 때문이다. 정치적 해방 과정은 그런 공통성 분할을 해체하고 재분할해 나눔과 참여의 공동체를 다시 창출하는 과정으로 이해된다.

메텍시스의 정치 공동체

지금까지 보았듯 랑시에르에게 정치는 곧 사회적 분할을 '재구성'함으로써 새로운 '나눔(partage)'을 가능케 하는 행위로 이해된다. 그런 의미에서 그는 "정치의 모든 것은 이 특정한 관계 속에, 이 참여/몫을 가짐(avoir-part)에 있다"고 말하고, 같은 맥락에서 정치적 권리 주체인 시민이란 "몫을 가짐(metexis[참여])으로 정의되는 주체(politēs[시민])의 이름"을 의미한다고 주장한다(랑시에르, 2016a: 208~210).

정치적 공동체는 이런 메텍시스, 곧 공유와 참여의 공간이다. 이를 랑시에르는 동시에 "공통감각(le sens commun)의 공간"으로 부르며 그로부터 "민주주의는 그 단어의 이중 의미에서 나눔의 공동체"라는 결론에 도달한다(랑시에르, 2016a: 94). 결국 감각의 나눔이라는 요소와 정치적 공동체의 형성은 분리될 수 없는 것이고, 그런 의미에서 정치적 공동체는 공유, 즉 함께(meta) 몫을 나눠 갖는(hexis) 메텍시스의 공동체를 말한다. 그리고 정치적 행위는 배제된 자들이 정치적 '주체'로 공통 세계에서 '몫'을 나누는(공유하는) 과정이다. 배제된 자들은 공동체에 자신의 몫을 요구함으로써 평등한 주체로서 공동체에 참여하는 계기를 만들고, 보이지 않던 것을 보이게 하며, 말이 아니라 시끄러운 소음만 내는 동물로 지각됐던 사람을 말하는 자로, 그들의 소음을 말로 지각되게 한다.

이렇게 정치를 기존의 감성의 나눔/분할과 새로운 방식의 감성의 나눔/공유 과정 사이의 대립으로 이해하는 사유 방식을 랑시에르는

"정치의 미학"(랑시에르, 2008b: 55)이라고 부른다. 여기서 '미학'은 그 어원이 되는 희랍어 'aisthesis'의 의미대로, 그리고 칸트가 차용해 인식비판에서 사용한 의미대로 '감성학'을 지칭하는 것으로 이해돼야 하며, 따라서 그의 '정치의 미학'은 공동체적 공통감각을 둘러싸고 분할과 공유의 정치를 다룬다는 의미에서 '정치의 감성학'으로 불러도 좋을 것이다.

칸트를 읽는 아도르노: 미메시스와 짜임 관계

연대의 조건: 미메시스와 공감 능력 형성

정치적 주체화 과정을 감각적·감성적 요소의 배치와 관련된 물음으로 이해해 '정치의 감성학'이라는 의미로 미학적 논의를 전개한 또 한 명의 철학자는 아도르노다. 특히 우리는 공동체의 감각적 공통성이 어떻게 형성되는지 살펴보는 가운데 그의 미메시스 개념을 검토함으로써 '공감'과 '연대'를 공동체적 공통성 형성의 전제 조건으로 이해해볼 수 있을 것이다.

전통적으로 미메시스 개념은 미학적 논의에서 주로 사용돼왔으나 아도르노는 이를 주체의 태도 변화와 관련해 광범한 의미로 저작 곳곳에서 사용한다. 아도르노는 '인간은 왜 세계를 모방하려 하는가'라는 벤야민의 문제 제기를 수용하고 변형해 '타자'를 닮으려 하는 주체들의 미메시스적 충동을 이론화하고, 특히 고통의 경험이 갖는 표현의 권리를 상기시킨다. 그때 미메시스적 충동은 타자의 고통에 대한 주체의 즉각적인 반응 양식으로 제시된다. 그가 동일성 원칙의 억압성과 대비해 "합리적 동일성" 또는 "완성된 동일성"이라고 부르는 주체들 사이의 미메시스적 행동 방식은 타인의 '고통(Leiden)'에 대한 '공감(Mitleiden)', 그리고 그로부터 형성되는 주체들 간 '연대'의 조건으로 이해될 수 있다(한상원, 2016: 286).

아도르노가 현대사회의 지배 원칙으로 규정하는 동일성 원칙은 일정한 방식으로 개별과 보편, 주체와 타자 사이에서 동일성 관계를 강제한다. 그런 동일성 강압은 이질적인 것, 동일화될 수 없는 것, 개념적 인식의 틀을 벗어나는 것을 강제로 동일화하는 폭력적인 관계를 낳는다. 문제는 타자의 타자성을 강압적으로 동일화하려는 시도로 인해 사회 내에서 냉혹한 계산적·도구적 태도가 광범위하게 확산되면서 그 과정에서 상이한 주체들 간에 원자화가 보편화된다는 것이다. 사회적 동일성 원칙은 결국 각 주체들 간의 관계를 분리해 주체들을 유아론적 자아가 되게 강제한다. 그런 의미에서 동일성 원칙은 실은 주체와 타자(다른 주체들) 사이에서 '동일성'을 이루는 데 실패한다고도 말할 수 있다.

앞서 논의한 것처럼 칸트가 타자의 입장을 이해하지 못하는 주체의 유아론적 상태를 미성숙에 따른 타율적 상태로 규정하고 '계몽'의 극복 대상으로 보았듯이, 아도르노는 사회적 지배 원칙인 동일성 원칙에 강제되는 고립된 의식의 주체는 타자를 깊이 이해할 수 없다고 보았다. 결국 타자를 이해하지 못하는 주체의 무능력은 사회적 동일성 원칙의 산물로서 타율적인 것, 강요된 것이다. 그런 무능력, 타자와의 단절된 관계는 궁극적으로는 폭력적인 방식으로만 사회 전체를

'동일화'해 통일된 공동체를 형성하려는 전체주의와 파시즘의 논리로 전화될 위험을 내포한다. '민족 공동체'에 대한 모든 신화와 그에 근거한 전체주의·인종주의적 사고방식의 확산은 타자를 강제적으로 자신에게 동일화하는 집단 나르시시즘의 폭력적인 귀결이다. 그런 사고방식은 '상실된' 공동체를 회복하기 위해 공동체의 내부에 침투한 이질적 요소들을 제거해야 할 위협으로 보고, 그리하여 통일성에 토대한 모든 주체 간의 관계 속에 무매개적 직접성을 폭력적으로 관철하는 방식으로 유기적 전체를 수립하는 일을 복원해야 할 공동체의 이상으로 간주한다. 오늘날 신자유주의 시대 이후 원자화된 사회적 관계를 자양분으로 삼아 다양한 형태의 극우적, 인종주의적, 권위주의적, 전체주의적 사고방식과 그 추종하는 정치 세력이 전 세계에 걸쳐 부활하는 것을 보더라도, 사회적 지배 원칙으로서 동일성 원칙이 어떻게 집단 나르시시즘의 공동체를 되살리려는 정치적 에너지들의 분출을 야기하는지를 분석한 아도르노 이론의 현재성을 알 수 있다.

아도르노는 이런 권위주의적 집단 나르시시즘에 대립하는 의미에서 주체와 타자 간의 관계가 "완성된 동일성"(Adorno, 2016: 82)을 이뤄야 한다고 보았다. 여기서 말하는 '완성된' 동일성은 동일성 원칙의 의미에서 강제된 동일성이 아니라 주체와 타자 간 '닮음'의 관계, 정서적, 감각적 '유사성'을 통한 소통의 관계를 의미한다. 아도르노는 인간들이 인식하지 못한 채 (충동의 형태로) 내재해 있는 미메시스적 능력을 동일성 원칙과 동일성 사고를 넘어 타인을 인식할 수 있는 근거로 보았다. 그의 기본 전제는 "의식은 그것이 타자와 닮아 있는 만큼 타자에 대해 알 수 있다"(Adorno, 2003b: 29)는 것이다.

그런데 우리는 어떻게 타인을 알 수 있나? 어떻게 타인을 닮을 수 있나? 어떻게 공감 능력을 가질 수 있나? 미메시스는 그런 물음에 답하기 위해 도입되는 개념이다. 타인의 감각을 내 것으로 받아들이는 공감 능력은 합리화된, 관리된 세계에서 추방해야 할 것으로 여겨지는 인간의 미메시스적 능력을 재발견하는 데서 사유돼야 한다.

그렇다면 아도르노가 교환 원칙 등의 개념으로 표현한 '총체적으로 합리화된' 사회에서 미메시스적 충동과 능력은 어떻게 발현될 수 있나? 인간은 언제나 미메시스적 능력을 발휘하며 살아가는 것은 아니다. 일상적으로 사람들은 미메시스적 자세가 아니라 경제학에서 가정하는, 냉혹하고 합리적인 이기적 주체로 살아간다. 그런데 아도르노는 고문받는 자가 내지르는 비명 소리와 같은 외침이 우리로 하여금 타인의 '고통'을 자각하고 그것을 마치 자신의 고통으로 느끼게 하는 순간이 있다고 지적한다. 고통받는 타자의 형상은 그런 개별적인 부조리의 사례가 보편적인 사회적 체계의 필연적 귀결이라는 의식을 일깨움으로써, 칸트적인 의미에서 상상력을 매개로 한 '반성적 판단력'이 발휘될 수 있는 순간 일종의 반성적 정지 상태를 창출한다. 미메시스 능력은 그런 순간 비로소 출현한다. 그런 방식으로 우리는 (아도르노를 매개로 해) 칸트가 말한 반성적 판단력을 타자의 고통이라는 감각적 경험을 '마치 자신의 것처럼' 느낄 수 있는 능력으로, 미메시스적 공감 능력이라는 의미로 확장해 생각해볼 수 있다.

이런 맥락에서 미메시스를 '공감 능력'이라는 의미에서의 '공통감각'의 전제로, 칸트가 말한 '공동체적 감각의 이념'을 위한 조건으로 재사유할 수 있다. 칸트에게서 주체가 유아론적 고립의 타율성에서 벗어나야 한다는 것이 계몽의 '미학적' 과제로 제시됐다면, 그렇듯 주체의 유아론적 상태를 타율성의 일환으로 이해하는 방식은 아도르노에게로 이어진다. 아도르노는 〈미학 이론〉(1970)의 '부록(Paralipomena)'에서 미적 경험을 통해 유아론적 주체(solus ipse)가 자신의 고립에서 벗어나 예술 작품에 체화된 보편적 주체의 흔적을 감지하는 과정을 서술한다. "유아론적 주체는 그 자신의 것이자 그를 유아론적 주체로 고립시키는 세계를 미적으로 인식한다. 이는 그가 세계의 관습을 폐기하는 것과 같은 순간이다."(Adorno, 2003c: 434) 여기서 아도르노는 유아론적 주체가 미적 경험 속에서 세계를 인식하며 동시에 세계의 관습에서 벗어나는 순간을 칸트적인 주체적 계몽의 일환으로 서술하고 있다. 그 점에서 〈미학 이론〉의 아도르노는 분명 〈판단력 비판〉의 칸트에 대한 독자로서 자신을 드러낸다.

이런 방식으로 필자는 칸트의 '공동체적 감각의 이념'을 아도르노가 말한 "분산된 개별적 이해를 초월하는 연대의 이념"(Adorno, 2003b: 278)으로 해석하고자 한다(필자는 앞서 소개한 칸트에 대한 이해 방식에 따라 그런 새로운 해석의 가능성이 정당하다고 판단한다). 이를 토대로 우리는 동일성 원칙이 야기하는 (타자의 이질성을 제거하려는) 집단 나르시시즘과 집단 동일시의 표현으로서 공동체, 상실된 민족적·전통적 공동체의 복원에 대한 모든 이데올로기적 표상에 맞서, (타자와 닮아가려는) 미메시스적 공감 능력을 '도래해야 할' 공동체가 가져야 할 정서적 유사성과 감각적 공통성의 조건으로 정의해볼 수 있을 것이다.

짜임 관계와 공동체: 보편에 참여하는 개별자

미메시스적 공감 능력이 공동체적 관계의 형성을 위해 공통감각을 창출하는 데 전제로 이해될 수 있다면, 아도르노가 ('미메시스'와 마찬가지로 벤야민의 영향 속에서) 사용하는 '짜임 관계' 개념은 공동체적 관계에서 개별과 보편의 양태가 어떠해야 하는가라는 물음에 대한 답변을 시사한다. 필자는 그런 의미에서 짜임 관계 개념을 개별자의 비동일성이 동일성 원칙에 의해 억압되지 않으면서, 개별자들 사이의 공통의 정서적 유사성에 기초해 연대가 이뤄지는 공동체적 관계에 대한 구상으로 해석하고자 한다. 즉 아도르노의 짜임 관계 개념을 화해된 상태에서 주체들 간의, 또는 주체와 객체 간의 관계 양식이라는 의미로 해석하는 것 역시 가능하다(Bartonek, 2011). 필자는 그로부터 공동체적 짜임 관계의 형태를 미메시스라는 의미에서의 '공감'과 메텍시스라는 의미에서의 '참여'라는 두 축을 중심으로 재구성해볼 것이다.

'짜임 관계'는 본래 별자리(성좌)를 의미하는 'Konstellation'의 번역어다. 아도르노가 보기에 하나의 개념은 개별적으로 지시 대상과의 대응 관계에서 이해될 수 있는 것이 아니다. 개별적 개념은 그것이 다른 개념들과 맺고 있는 성좌의 일원이 될 때에만 그 의미가 드러난다. 이는 마치 하나의 개별적인 별이 그 자체로서가 아니라 다른 별들과 맺는 관계에서, 전체 성좌에 '참여'함으로써 그 의미를 부여받는다는 사실에 상응한다. 물론 그때 전체적 성좌, 보편적 짜임 관계는 개념의 유기적 총체성이 이루는 사유 도식이 개별 개념의 의미를 규정한다는 서구 형이상학의 체계성에 대한 사고와는 거리가 멀다. 아도르노는 철학의 체계가 진리를 보증한다는 전통 형이상학의 전제를 거부하는데, 거기서는 개념들의 체계가 개별 개념들의 의미를 위계적으로, 수직적으로 규정하기 때문이다. 그와 달리 개념의 의미가 드러나는 수평적인 보편적 관계망을 표현하기 위해 아도르노는 성좌의 비유를 사용한다.

'짜임 관계'의 이런 의미를 이제 공동체론과 관련해 주체들 사이의 관계에 적용해 생각해본다면, 우리는 개별과 보편 사이의 억압적이지 않은, 위계적이지 않은 관계망에 대한 요청으로 해석해볼 수 있다. 그런 점에서 아도르노에게 비동일적 주체의 개별성을 구성하는 짜임 관계는, 개별 주체의 고유성이 오로지 그 안에서만 실현 가능하다는 의미에서의 보편성을 형성한다. "해방된 사회란 통일성 국가가 아니라 차이의 화해 속에서 보편의 실현이다"(Adorno, 2003a: 116)라는 언급에서 보듯, 그런 의미의 보편은 차이와 비동일성을 적대하지 않는 관계를 의미한다.

그런데 이런 관계, 즉 개별자의 비동일성이 억압되지 않으면서 보편적 관계에서 각자의 고유성이 실현되는 관계는 어떻게 가능한가? 그것은 (하나의 별이 수평적인 성좌의 관계망에 '참여'함으로써 의미를 얻듯이) 고유한 개별자가 보편적 관계에 '참여'하는 방식, 즉 공통 세계로부터의 분할 과정을 재분할함으로써 다른 모습의 나눔(보편적 관계의 공유)을 이루는 방식을 가정할 때 가능할 것이다. 그렇듯 '짜임 관계'는 오로지 개별자의 참여를 통해서만 이뤄지는 보편성이라는 의미에서 메텍시스 이념과 연관성을 갖는다.

본래 고대 그리스 철학자 플라톤에게서 메텍시스는 현상계의 개별자가 이념의 세계(이데아)에 참여함으로써 완전해질 수 있다는 존재론적 맥락에서 사용됐다. 예컨대 플라톤의 대화편 〈파이돈〉에서 화자 소크라테스는 이렇게 진술한다. "내가 보기에, 그 자체로 아름다운 것 이외에 어떤 것이 아름답다고 한다면, 그것은 다름 아니라 그 어떤 것이 아름다움 자체에 참여하고 있기 때문이며, 다른 모든 것에 대해서도 그렇다고 할 수 있다네."(Platon, 1990: 147) 흔히 플라톤을 현상계의 열등함과 이데아의 우월함을, 개별자에 대한 보편자의 우위를 주장한 철학자로 이해하지만, 거꾸로 발터 벤야민은 그런 플라톤에 대한 해석 속에서, 즉 개별자의 참여로 이뤄지는 이데아의 총체성에서 "개별자에 대한 플라톤적인 우위"(Benjamin, 2013a: 227)를 읽어낸다. 필자는 그런 개별자의 참여로 만들어지는 '짜임 관계'로서 메텍시스 이념을, '닮아감(유사성)'을 통해 타자와 결합하는 미메시스적 관계에 대한 아도르노의 강조와 연결할 때, 즉 '메텍시스로서 미메시스'를 사유할 때 그것을 '도래할' 공동체의 개념적 원리로 제시할 수 있다고 본다.

이런 맥락에서 메텍시스는 정서적 유사성에 토대한 주체들 간의 미메시스적 짜임 관계를 전제로 해, 개별자의 고유성을 실현하는 공감과 참여의 보편적 공동체에 붙일 수 있는 이름이다. 메텍시스로서 공동체는 개별 주체가 비동일자로 '몫을 나눈다(참여)'는 뜻에서 나눔의 공동체이고, '공통의 감각적 나눔(정서적 유사성)'이 이뤄진다는 뜻에서 공감의 공동체다. 그것은 개별자들이 공통의 주체성에 '참여'함으로써 이뤄지는 공동체, 즉 개별자의 고유성 권리가 보존되고 더 나아가 바로 그런 고유성 권리가 실현되는 보편성을 의미한다. 그것은 체계적인 위계에 근거한 총체성과는 구분되는 보편성이고, 공통적인 것의 나눔에 기반하는 보편성일 것이다. 해방적 정치의 과제는 그런 공동체를 만들어내는 것, 기존의 공동체적 분할 과정을 재분할해 나눔/공유의 공동체를 재창출하는 것에 있다.

오늘날 우리가 실현해야 할 공동체, 희망해야 할 공동체는 신자유주의적인 방식으로 이뤄진 극단적인 사회 해체와 개인의 원자화를 극복하면서도 개체성의 자유와 고유성의 권리를 실현하는 공동체여야 할 것이다. 그런데 그런 공동체는 사회의 특수한 부분을 '공동체'라는 이름으로 부르고 그 관계를 미화하는 방식의 표상으로는 개념화할 수 없다. 이미 다양하고 복잡하게 진행된 현대사회 기능적 분업의 한복판에서 그것과 분리된 공동체적 관계가 외딴 섬처럼 존립하리라는 기대는 환상에 가깝다.

복원해야 할 공동체가 아니라 '도래할' 공동체는 공통감각의 공유를 전제로 각 구성원들의 공통의 정서적 연대감에 토대한, 배제 없는 참여의 원리가 구체화될 장으로 이해돼야 할 것이다. 공통감각의 형성과 배제 없는 참여는 도래할 공동체의 형성을 가능케 할 공통성을 전통 공동체의 협소한 폐쇄성이 아니라 현대적인 개방성과 개체적 자유의 관점에서 보장할 두 가지 규범적 요청들이자, 동시에 새로운 공동체적 관계의 성립 근거가 될 개념적 전제들이다. 그리고 칸트의 공통감각 개념과 그것을 확장한 칸트의 정치적 독자들은 오늘날 '도래할' 공동체에 대한 사유와 논쟁에 유의미한 교훈을 남기고 있다.

젊은 날의 이마누엘 칸트(1755~1758년, 드로잉 Caroline Charlotte Amalie)

산책하는 칸트
(1798년, 전지 Puttrich)

칸트(선각 A. L. Zeelander,
소장 Wellcome Images)

Berlinische Monatsschrift.

1784.

Zwölftes Stük. December.

I.

Beantwortung der Frage: Was ist Aufklärung?

(S. Decemb. 1783. S. 516.)

Aufklärung ist der Ausgang des Menschen aus seiner selbst verschuldeten Unmündigkeit. Unmündigkeit ist das Unvermögen, sich seines Verstandes ohne Leitung eines anderen zu bedienen. Selbstverschuldet ist diese Unmündigkeit, wenn die Ursache derselben nicht am Mangel des Verstandes, sondern der Entschließung und des Muthes liegt, sich seiner ohne Leitung eines andern zu bedienen. Sapere aude! Habe Muth dich deines eigenen Verstandes zu bedienen! ist also der Wahlspruch der Aufklärung.

Faulheit und Feigheit sind die Ursachen, warum ein so großer Theil der Menschen, nachdem sie die Natur längst von fremder Leitung frei gesprochen (na-

독일 계몽주의의 산실 노릇을 한 〈베를린 월간 학보〉의 1784년 12월호에 실린 칸트의 글 “‘계몽이란 무엇인가?’라는 질문에 대한 답변’. 18세기 정기간행물 편집자들은 아직 해결책이 없는 문제에 대해 대중에게 질문하기를 선호했다. 이에 1년 전 제기된 질문에 답하기 위해 나선 이가 칸트였다.

“계몽이란 인간이 스스로 초래한 미성숙 상태에서 벗어나는 것이다. 미성숙이란 다른 사람이 이끌어주지 않으면 자신의 지성을 사용할 수 없는 상태다. 이런 미성숙이 지성이 부족해서가 아니라 다른 사람의 지도를 받지 않고 스스로 지성을 사용할 결단력과 용기가 부족해서라면 그것은 스스로가 초래한 것이다. 과감히 알려고 하라(Sapere aude)! 자기 자신의 지성을 사용할 용기를 가져라! 이것이 계몽의 슬로건이다.”

1958년 뮌헨 문화비판 세미나에서
한나 아렌트
(사진 Barbara Niggl Radloff)

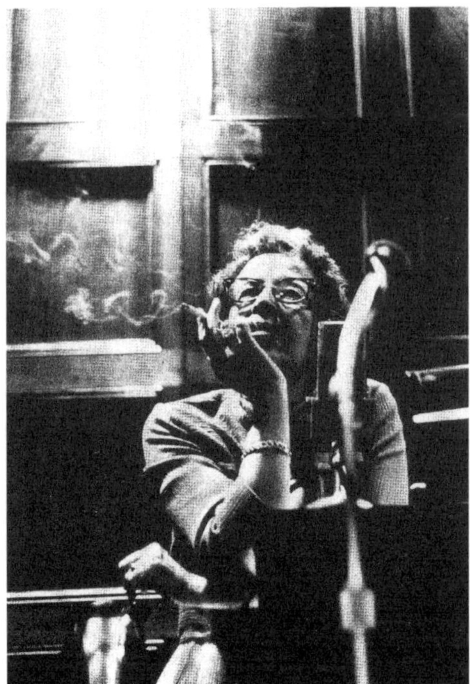

1966년 시카고대에서 한나 아렌트.
(사진 Art Ressource, New York / Hannah Arendt Bluecher Literary Trust)

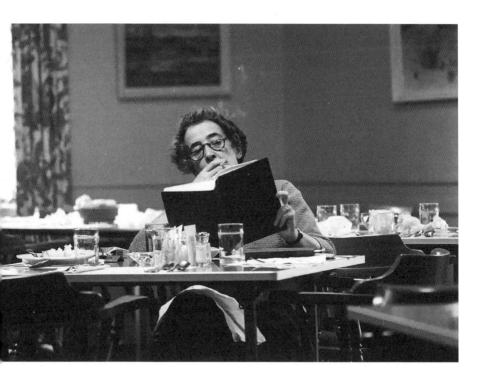

식당에 앉아 있는 한나 아렌트
(사진 Wesleyan University Library, Special Collections & Archives)

The University of Chicago 031915

THE COMMITTEE ON SOCIAL THOUGHT

announces a series of public lectures

by

HANNAH ARENDT

Professor of Philosophy, New School for Social Research
and
Visiting Professorial Lecturer, Committee on Social Thought

THINKING

Thursday, January 8 · WHAT MAKES US THINK?

Monday, January 12 · WHERE ARE WE WHEN WE THINK?

Thursday, January 15 · WHERE DOES THINKING LEAD US?

8:00 P.M.

BREASTED HALL · 1155 EAST 58TH STREET

1970년대 시카고대 사회사상연구회 주최하에 대중 강연 시리즈로 마련된 아렌트의 강연 'Thinking'의 원고(Hannah Arendt Archive, The Library of Congress 소장)

Hannah Arendt: The Origins of Totalitarianism

INTRODUCTION ~~TO THE THIRD EDITION~~

I

The original manuscript of The Origins of Totalitarianism was finished in autumn 1949, more than four years after the defeat of Hitler Germany, less than four years before Stalin's death. The first edition of the book appeared in 1951. In retrospect, the years I spent writing it, from 1945 onwards, appear like the first period of relative calm after decades of turmoil, confusion, and plain horror—the revolutions after the First World War, the rise of totalitarian movements and the undermining of parliamentary government, followed by ~~the spread of~~ all sorts of new tyrannies, ~~over the whole European continent,~~ Fascist and semi-Fascist, one-party and military dictatorships, finally, the seemingly firm establishment of totalitarian governments resting on mass-support: in Russia in 1929, the year of what now is often called the "second revolution," and in Germany in 1933.

〈전체주의의 기원〉 1966년 3판을 내며 새로 쓴 저자 서문

(원고 소장 Hannah Arendt Archive, The Library of Congress, 워싱턴디시)

"〈전체주의의 기원〉의 원본 원고는 히틀러 독일이 패망하고 4년 넘게 지난, 스탈린의 사망까지는 4년도 채 남겨놓지 않은 1949년 가을에 완성됐다. 이 책의 초판은 1951년에 출판됐다. 돌이켜보면 1945년부터 내가 이 책을 집필하며 보낸 세월은 수십 년간의 혼란과 혼돈, 엄연한 공포를 겪은 뒤 처음으로 맞은 상대적으로 평온한 시기였던 것 같다. 즉 제1차 세계대전 직후 혁명들이 일어나고 전체주의 운동이 부상해 의회 정부가 약화되면서 온갖 종류의 새로운 폭정, 파시스트 및 유사 파시스트, 일당, 군사 독재가 벌어졌는데, 마침내 대중의 지지에 기초한 전체주의 정부가 확고히 설립된, 지금 흔히 '제2의 혁명'이라고 부르는 1929년의 러시아와 1933년의 독일이 그랬다."

1961년 12월 15일 이스라엘 최고법원에서 사형 선고를 받는 나치 전범 아돌프 아이히만
(왼쪽 피고인 박스석)

DAS KONZENTRATIONS- UND VERNICHTUNGSLAGER AUSCHWITZ II (BIRKENAU)
AUSBAUSTAND AUGUST 1944

B III
"Mexiko"

B II
B IIa - B IIf

B I
B Ia - B Ib

0 100 200 300 400 500 1000 m

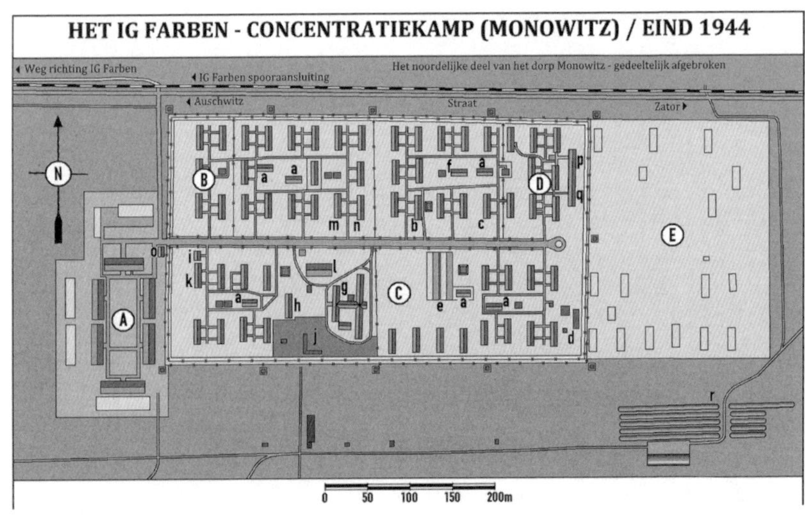

전후 발견된 1944년 나치의 아우슈비츠 집단수용소 청사진에 토대해 2009~2010년에 재현한 지도들(폴란드 비르케나우와 모노비츠)

자크 랑시에르(드로잉 Arturo Espinosa)

테오도어 W. 아도르노(드로잉 Arturo Espinosa)

1963년 프랑크푸르트 사무실에서 전신 거울 앞에 앉아 카메라와 타이머를 이용해 본인 사진을 찍는 아도르노(사진 Stefan Moses)

한나 아렌트의 책장에서 나온 표지가 헤지고 닳은 〈판단력 비판〉(1924, 라이프치히). Bard College Libraries 소장

〈미니마 모랄리아〉
1951년 베를린 초판

프랑스의 68혁명 당시 ORTF(프랑스 공영 방송)와 민간 언론에 대한 정부의 통제를 비판하는 대중 전단지. '언론을 삼키지 말라'는 내용(사진 Bibliothèque nationale)

프랑스의 68혁명 당시 벽에 붙은 포스터 중 하나. 언론 매체의 이름들 위에 '독'이라는 낙인을 찍은 내용(사진 Charles Perussaux & Bibliothèque nationale)

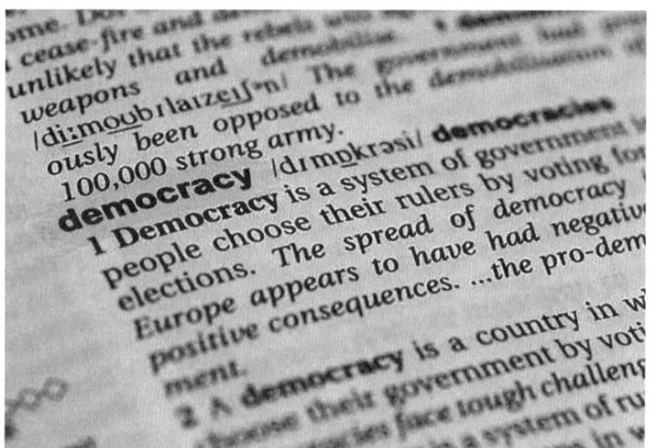

자유민주주의의 역설적 귀결은 그것이 합의를 도출하는 투명한 절차를 가능케 했다는 것이 아니라 오히려 적대의 경합적 제도화에서 드러난다.

2013년 베를린, 하인리히 뵐 재단이 주최한 한 세미나에서 샹탈 무페(사진 Stephan Röhl)

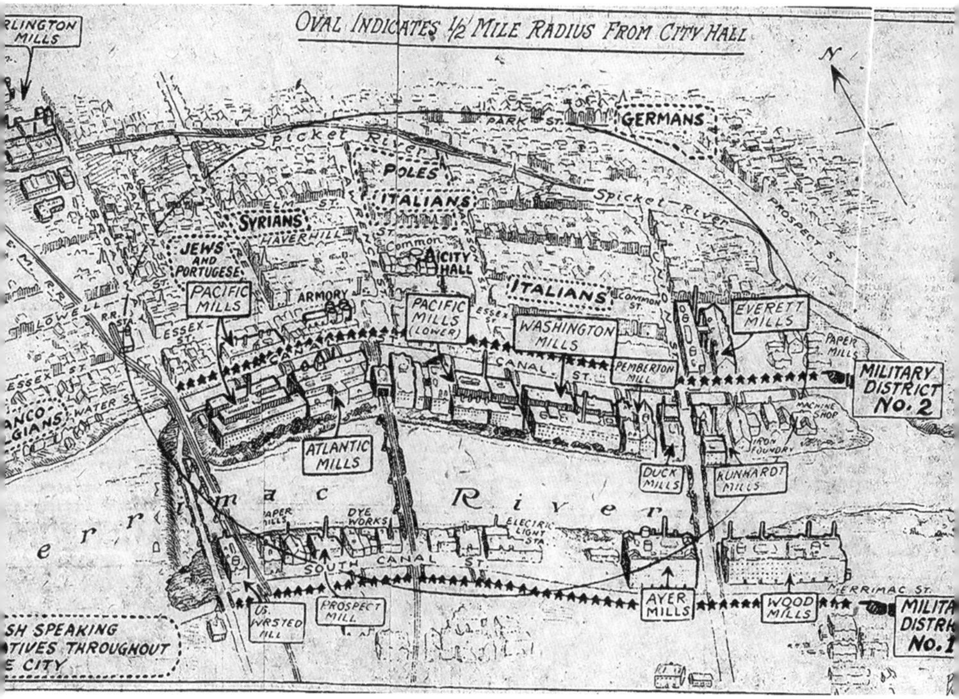

1910년 당시 로런스 공장 지대의 상이한 민족 분포를 보여주는 조감도. 노동자들은 대부분 이민자 출신으로 40개 넘는 민족들로 구성돼 있었다.(사진 〈워싱턴 이브닝 스타〉 1910년 12월 31일자)

로런스역에서 다른 도시의 시민들에게 지지를 호소하는 파업 참가 노동자들의 아이들('훗날 우리는 이 추방을 기억할 것이다'). 1912년 1월부터 3월까지 매사추세츠주 로런스의 섬유 공장 노동자들은 임금 삭감과 열악한 노동환경에 맞서 파업했다. '우리는 빵을 원한다, 그리고 장미도'라는 구호를 외치며 시위해 '빵과 장미의 파업'으로도 불린다. 빵은 생존을, 장미는 인간다운 삶, 즉 존엄을 의미한다. 거의 모든 2만여 노동자들이 파업에 나섰고 그중 절반이 14~18세 여성이었다.

1885년 배에서 내리는 이민자들과 멜버른 부두에 붐비는 사람들

참고 문헌

곽노완, '그람시의 헤게모니장치: 현대 정치와 문화의 시공간', 〈마르크스주의연구〉 Vol. 4, No. 2, 2007.

김용환, 〈리바이어던: 국가라는 이름의 괴물〉, 살림, 2005.

김종법, 〈그람시의 군주론: 그람시, 마키아벨리를 읽다〉, 바다출판사, 2015.

김항, '내전과 현대 민주주의의 상황-슈미트의 〈리바이어던〉 해석을 중심으로', 〈인문학연구〉 56집, 2018.

남기호, '칼 슈미트의 국가론에서의 리바이어던-그 정치적 상징의 오용과 홉스의 정치철학적 의의', 〈시대와 철학〉 26권 4호, 2015.

박기순, '랑시에르에서 미학과 정치', 〈미학〉 61집, 2010.

박지용, '아렌트의 칸트 해석과 공통감의 정치', 〈시대와 철학〉 25권 1호, 2014.

임미원, '홉스의 법 및 정치사상에 대한 재해석 가능성: 슈미트, 아감벤, 푸코, 아렌트의 홉스 해석을 중심으로', 〈법과 사회〉 42호, 2012.

이순웅, '그람시 이데올로기 개념의 형성', 〈시대와 철학〉 19권 1호, 2008.

전주희, '국가는 어떻게 국가가 되는가: 토마스 홉스, 〈리바이어던〉', 〈고전, 국가를 상상하다: 리바이어던에서 시민권까지〉, 나름북스, 2019.

정미라, '근대성과 자기보존 문제-홉즈의 정치철학을 중심으로', 〈범한철학〉 61집, 2011.

정미라, '주체의 형성과 타자, 그리고 자기보존-호르크하이머와 아도르노의 〈계몽의 변증법〉을 중심으로', 〈범한철학〉 65집, 2012.

정진범, '자기보존의 역설과 그 사상적 기원: 〈계몽의 변증법〉에 대한 니체의 영향을 중심으로', 〈철학〉 132집, 2017a.

정진범, '자기보존, 연대, 이성성: 아도르노 철학에서 이성적 자기보존의 이념', 〈사회와 철학〉 34권, 2017b.

진은영, '숭고의 윤리에서 미학의 정치로: 자크 랑시에르의 미학의 정치', 〈시대와 철학〉 20권 3호, 2009.

최원, 〈라캉 또는 알튀세르: 이데올로기적 반역과 반폭력의 정치를 위하여〉, 난장, 2016.

한상원, '미메시스: 인식론적, 미학적, 정치철학적 고찰', 〈시대와 철학〉 27권 1호, 2016.

홍태영, '주권자(sovereign)의 귀환과 민주주의적 정치?: 포퓰리즘과 근대정치의 위기 그리고 새로운 가능성', 〈아세아연구〉, 61(2), 2018.

안토니오 그람시, 〈옥중수고 I〉, 이상훈 옮김, 거름, 1997.

안토니오 그람시, 〈옥중수고 II〉, 이상훈 옮김, 거름, 1993.

안토니오 그람시, 〈안토니오 그람시 옥중수고 이전〉, 리처드 벨라미 엮음, 김현우, 장석준 옮김, 갈무리, 2001.

안토니오 그람시, 〈남부 문제에 대한 몇 가지 주제들 외〉, 김종법 옮김, 책세상, 2015.

프리드리히 니체, 〈선악의 저편·도덕의 계보〉, 전집 14권, 김정현 옮김, 책세상, 2002.

자크 데리다, 〈법의 힘〉, 진태원 옮김, 문학과지성사, 2004.

폴커 라인하르트, 〈마키아벨리: 권력의 기술자, 시대의 조롱꾼〉, 최호영, 김하락 옮김, 북캠퍼스, 2022.

에르네스토 라클라우, 샹탈 무페, 〈헤게모니와 사회주의 전략: 급진 민주주의 정치를 향하여〉, 이승원 옮김, 후마니타스, 2013.

자크 랑시에르, 〈감성의 분할: 미학과 정치〉, 오윤성 옮김, 도서출판b, 2008a.

자크 랑시에르, 〈미학 안의 불편함〉, 주형일 옮김, 인간사랑, 2008b.

자크 랑시에르, 〈정치적인 것의 가장자리에서〉, 양창렬 옮김, 도서출판 길, 2016a.

자크 랑시에르, 〈불화: 정치와 철학〉, 진태원 옮김, 도서출판 길, 2016b.

클로드 르포르, 〈19~20세기 정치적인 것에 대한 시론〉, 홍태영 옮김, 그린비, 2015.

마키노 에이지, 〈칸트 읽기: 포스트모더니즘 이후의 비판철학〉, 세키네 히데유키, 류지한 옮김, 울력, 2009.

니콜로 마키아벨리, 〈피렌체사〉, 하인후 옮김, 무블, 2022.

C. B. 맥퍼슨, 〈소유적 개인주의의 정치이론〉, 이유동 옮김, 인간사랑, 1991.

워런 몬탁, 〈신체, 대중들, 역량: 스피노자와 그의 동시대인들〉, 정재화 옮김, 그린비, 2019.

상탈 무페, 〈정치적인 것의 귀환〉, 이보경 옮김, 후마니타스, 2012.

상탈 무페, 〈경합들: 갈등과 적대의 세계를 정치적으로 사유하기〉, 서정연 옮김, 난장, 2020.

지그문트 바우만, 〈액체근대〉, 이일수 옮김, 도서출판 강, 2005.

칼 보그, '그람시의 세 가지 얼굴', 〈안토니오 그람시의 단층들〉, 김현우, 신진욱, 허준석 편역, 갈무리, 1995.

퀜틴 스키너, 〈마키아벨리의 네 얼굴〉, 강정인, 김현아 옮김, 한겨레출판사, 2008.

조르조 아감벤, 〈호모 사케르: 주권 권력과 벌거벗은 생명〉, 박진우 옮김, 새물결, 2008.

조르조 아감벤, 〈예외상태〉, 김항 옮김, 새물결, 2009.

조르조 아감벤, 〈내전: 스타시스, 정치의 패러다임〉, 조형준 옮김, 새물결, 2017.

한나 아렌트, 〈칸트 정치철학 강의〉, 김선욱 옮김, 푸른숲, 2000.

한나 아렌트, 〈전체주의의 기원〉, 이진우, 박미애 옮김, 한길사, 2017.

루이 알튀세르, 〈마침내 맑스주의의 위기가〉, 김경민 엮음, 백의, 1992.

루이 알튀세르, 〈재생산에 대하여〉, 김웅권 옮김, 동문선, 1995.

루이 알튀세르, 〈마키아벨리의 가면〉, 오덕근, 김정한 옮김, 이후, 2001.

루이 알튀세르, 〈마키아벨리의 고독〉, 김석민 옮김, 중원문화, 2012.

루이 알튀세르, 〈철학과 맑스주의: 우발성의 유물론을 위하여〉, 서관모, 백승욱 옮김, 중원문화, 2017.

루이 알튀세르, 〈무엇을 할 것인가?: 그람시를 읽는 두 가지 방식〉, 배세진 옮김, 오월의봄, 2018.

페리 앤더슨, '안토니오 그람시의 이율배반', 〈안토니오 그람시의 단층들〉, 김현우, 신진욱, 허준석 편역, 갈무리, 1995.

미셸 푸코, 〈안전, 영토, 인구〉, 오트르망 옮김, 난장, 2011.

미셸 푸코, 〈생명관리정치의 탄생〉, 오트르망 옮김, 난장, 2012.

주세페 피오리, 〈그람시: 한 혁명가의 생애와 사상〉, 두레, 1991.

데이비드 흄, 〈정념에 관하여: 인간 본성에 관한 논고 2〉, 이준호 옮김, 서광사, 1996.

Adorno. T. W.: *Minima Moralia*, Gesammelte Schriften (GS) Bd. 4, Frankfurt/M: Suhrkamp, 2003a.

Adorno. T. W.: *Negative Dialektik*, GS 6, 2003b.

Adorno. T. W.: *Ästhetische Theorie*, GS 7, 2003c.

Adorno. T. W.: *Philosophie der neuen Musik*, GS 12, 2003d.

Adorno. T. W.: *Zur Lehre von der Geschichte und von der Freiheit*, Nachgelassene Schriften (NS) IV.13, Frankfurt/M: Suhrkamp, 2006.

Adorno, T. W., Horkheimer, Max: *Dialektik der Aufklärung: Philosophische Fragmente*, Gesammelte Schriften Bd. 3, Frankfurt/M., 2003.

Als Thomsen, Jacob: "Carl Schmitt-The Hobbesian of the 20th century?," *Mars/ Social thought & research*, Vol. 20, No. 1-2, 1997.

Balibar, Étienne: "Schmitt's Hobbes, Hobbes's Schmitt," in: *Balibar and the Citizen Subject*, ed. by Warren Montag & Hanan Elsayed, Edinburgh University Press, 2017.

Bartonek, Anders: *Philosophie im Konjunktiv: Nichtidentität als Ort der Möglichkeit des Utopischen in der negativen Dialektik Theodor W. Adornos*, Königshausen & Neumann, 2011.

Benjamin, Walter: *Ursprung des deutschen Trauerspiels*, Gesammelte Schriften I.1, Frankfurt/M: Suhrkamp, 2013a.

Benjamin, Walter: "Über den Begriff der Geschichte", Gesammelte Schriften I.2, 2013b.

Benjamin, Walter: Brief an Schmitt am 9. 12. 1930, Gesammelte Schriften I.3, 2013c.

Benjamin, Walter: "Zur Kritik der Gewalt", Gesammelte Schriften II.1, 2014.

Bredekamp, Horst: "Von Walter Benjamin zu Carl Schmitt, via Thomas Hobbes," *Deutsche Zeitschrift für Philosophie* 46-6, 1998.

Bredekamp, Horst: "Thomas Hobbes's Visual Strategies," in: *The Cambridge Companion to Hobbes's Leviathan*, ed. by Patricia Springborg, Cambridge University Press, 2007.

Figal, Günter: "Vom Sinn der Geschichte: Zur Erörterung der politischen Theologie bei Carl Schmitt und Walter Benjamin," in: *Dialektischer Negativismus*, hg. von Emil Angehrn, Hinrich Fink-Eitel, und Christian Iber, Suhrkamp, 1992.

Fontana, Benedetto: *Hegemony and Power: On the Relation Between Gramsci and Machiavelli*, University of Minnesota Press, 1993.

Frosini, F., Morfino, V.: "Althusser e Gramsci, Gramsci e Althusser: intervista a Etienne Balibar," *Décalages* Vol. 2, Iss. 1, 2016.

Hobbes, Thomas: *Leviathan*, ed. by J. C. A. Gaskin, Oxford University Press, 1998a.

Hobbes, Thomas: *On the Citizen*, ed. & trans. by Richard Tuck and Michael Silversthorne, Cambridge University Press, 1998b.

Hoekstra, Kinch: "Hobbes on the Natural Condition of Mankind," in: *The Cambridge Companion to Hobbes's Leviathan*, ed. by Patricia Springborg, Cambridge University Press, 2007.

Horkheimer, Max: *Autoritärer Staat: Die Juden und Europa; Vernunft und Selbsterhaltung; Aufsätze* 1939-1941, Amsterdam: de Munter, 1967.

Huysmans, Jef: "The Jargon of exeption-On Schmitt, Agamben and the Absence of Political Society," *International Political Sociology* No. 2, 2008.

Jaume, Lucien: "Hobbes and the Philosophical Sources of Liberalism," in: *The Cambridge Companion to Hobbes's Leviathan*, ed. by Patricia Springborg, Cambridge University Press, 2007.

Jean, Anne: "From absolutism to fascism: Hobbes'philosophy through the prism of Horkheimer, Adorno and Neumann," Bajo Palabra: Revista de filosofía, *II Época* 21, 2019.

Kang, K-D: "Gramsci and Althusser: the Theorists of Topography?," *Décalages*: Vol. 2, Iss. 1, 2016.

Kant, Immanuel: *Kritik der Urteilskraft*, Werkausgabe Bd. X, Frankfurt/M, 1974.

Kersting, Wolfgang: "Thomas Hobbes, Leviathan (1651)," in: *Geschichte des politischen Denkens*, hg. von Manfred Broker, Suhrkamp, 2007.

Lahtinen, Mikko: Politics and Philosophy: *Niccolò Machiavelli and Louis Althusser's Aleatory Materialism*, trans. by Gareth Griffiths and Kristina KöhliLeiden,

Leiden/Boston: Brill, 2009.

Lahtinen, Mikko: "Althusser, Machiavelli and Us: between Philosophy and Politics," in: *Encountering Althusser: Politics and Materialism in Contemporary Radical Thought*, eds. by Katja Diefenbach, Sara R, Farris, Gal Kirn, & Peter D. Thomas, Bloomsbury, 2013.

Machiavelli, Niccolo: *The Prince*, trans. by Harvey C. Mansfield, The University of Chicago Press, 1998.

Machavelli, Niccolo: *Discourses on Livy*, trans. by Harvey C. Mansfield & Nathan Tarcov, University of Chicago Press, 1996.

Marx, Karl: *Das Kapital: Kritik der politischen Ökonomie*, Erster Band, Marx-Engels-Werke Bd. 23, Berlin, 2008.

Menke, Christoph: *Recht und Gewalt*, Berlin: Suhrkamp, 2012.

Menke, Christoph: *Kritik der Rechte*, Berlin: Suhrkamp, 2015.

Montag, Warren: *Althusser and His Contemporaries*, Duke University Press, 2013.

Morfino, Vittorio: "History as 'permanent revocation of the accomplished fact': Machiavelli in the last Althusser," in: *Encountering Althusser: Politics and Materialism in Contemporary Radical* Thought, Bloomsbury, 2013.

Platon: *Phaidon*, Werke in acht Bänden Bd. 3, Deutsche Übersetzung von F. Schleiermacher, Darmstadt, 1990.

Rancière, Jacques: "Who Is the Subject of the Rights of Man?," *The South Atlantic Quarterly* 103:2/3, 2004.

Rancière, Jacques: "The Aesthetic Dimension: Aesthetics, Politics, Knowledge," *Critical Inquiry* 36, 2009.

Rosa, Hartmut et al.: *Theorien der Gemeinschaft: Zur Einführung*, Hamburg, 2010.

Schmitt, Carl: "Der Staat als Mechanismus bei Hobbes und Descartes," Archiv für Rechts-und Sozialphilosophie, Bd. 30, Heft 4, 1937.

Schmitt, Carl: *Die Diktatur: Von den Anfängen des modernen Souveränitätsgedankens bis zum proletarischen Klassenkampf*, Berlin, 1989.

Schmitt, Carl: *Der Begriff des Politischen*, Berlin, 1991.

Schmitt, Carl: *Politische Theorie: Vier Kapitel zur Lehre von der Souveränität*, Berlin, 1993.

Schmitt, Carl: *Der Leviathan in der Staatslehre des Thomas Hobbes: Sinn und Fehlschlag eines politischen Symbols*, Stuttgart: Klett-Cotta, 2015.

Skinner, Quentin: "Hobbes on Persons, Authors and Representatives," in: *The Cambridge Companion to Hobbes's Leviathan*, ed. by Patricia Springborg, Cambridge University Press, 2007.

Speer, Ross: "The Machiavellian Marxism of Althusser and Gramsci," *Décalages*, Vol. 2, Iss. 1, 2016.

Staff, Ilse: "Zum Begriff der Politischen Theologie bei Carl Schmitt," in: *Christentum und modernes Recht*, hg. von Gerhard Dilcher, Suhrkamp, 1984.

Strauss, Leo: *Natural Right and History*, The University of Chicago Press, 1965.

Strauss, Leo: "Notes on Carl Schmitt, The Concept ot the Political," in Carl Schmitt: *The Concept of the Political*, trans. by George Schwab, The University of Chicago Press, 2007.

Thomas, P. D.: "Althusser's last encounter: Gramsci," in: *Encountering Althusser: Politics and Materialism in Contemporary Radical Thought*, Bloomsbury, 2013.

Thomas, P. D.: "The Modern Prince: Gramsci's Reading of Machiavelli," *History of Political Thought*, Vol. XXXVIII, No. 3, 2017.

Tralau, Johan: "Leviathan, The Beast of Myth," in: *The Cambridge Companion to Hobbes's Leviathan*, ed. by Patricia Springborg, Cambridge University Press, 2007.

Vatter, Miguel: "Strauss and Schmitt as Readers of Hobbes and Spinoza: On the Relation between Political Theology and Liberalism," *CR: the New Centennial Review*, Vol. 4, No. 3, 2004.

Weber, Samuel: "Taking Exception to Decision: Walter Benjamin and Carl Schmitt," *Diacritics* Vol. 22, No. 3/4, 1992.

주요 개념어 및 인물

ㄹ

ㅁ

ㅂ

ㅅ

ㅇ

ㅈ

ㅊ

ㅋ

ㅌ

ㅍ

ㅎ

정치적 독자들
: 현대 정치철학의 마키아벨리, 홉스, 칸트 독해

2024년 6월 25일 1판 1쇄 발행

지은이 한상원
펴낸이 임후성 **펴낸곳** 북콤마
디자인 *sangsoo* **편집** 김삼수
등록 제2023-000246호
주소 (10449) 경기도 고양시 일산동구 호수로 336 103-309호
전화 031-955-1650 **팩스** 0505-300-2750
이메일 bookcomma@naver.com
블로그 bookcomma.tistory.com
ISBN 979-11-87572-47-3 03160

책값은 뒤표지에 있습니다.

, BOOKcomma